はじめに

●ビットコインって、なんだろう？

この本を手にしてくださったあなたは、ビットコイン（Bitcoin）［資料1］について、少なくとも聞いたことはあるのではないかと思います。報道では、「謎の通貨」「相場が乱高下」「違法取引や資金《マネー》洗浄《ロンダリング》への利用」「大手取引所が経営破綻」などの言葉が飛びかっているので、ちょっと怪しい印象を抱いているかもしれません。

ビットコインをひと言で表すなら、インターネットを使った「P2Pデジタル通貨」です。

サトシ・ナカモトを名乗る人物が2008年に、暗号技術に興味をもつ人々が集まるメーリングリ

投稿したアイデアがきっかけとなって、システムがつくられ、2009年に実際に動きだしま

P」は、ピア・ツー・ピア（Peer-to-Peer）の略で、「ピア」とは対等な相手という意味です。

でもメールでもそうですが、インターネットの多くの応用では、サービスを提供する側である

バ」と、サービスを受ける側である「クライアント」が区別され、それぞれが別々の役割を担

う。P2Pは、それとは異なる考え方で、参加するすべてのコンピュータが同じ役割を担い、

にも中心がない」構造をもつことが基本です。

ンタル通貨」は、インターネットに代表されるデジタル・コミュニケーション技術を使ってつく

られた、私たちがふだん使っているお金のかわりになる通貨です。「仮想通貨」と呼ばれることもありますが、正確ではないので、この本ではそう呼びません。

これらのことから、ビットコインは、インターネットにつながったコンピュータが、Ｐ２Ｐのやり方で通信しながら、私たちがふだん使っている日本円、あるいは米ドルやユーロなどといった通貨とは別の支払い手段を提供しているシステムだということになります。

ビットコインでは、原理的に考えて、だれでもコインを生みだすことができます。ですので、「民主的な貨幣をつくった」ということがいわれることもあります。ですが、私は、「だれでもほんとうに対等にあつかわれるのか」という疑問をもっていますし、ビットコインの設計の仕方には、いろいろ問題があると思っています。

●この本が生まれたいきさつ

私は日立ソフト（現 日立ソリューションズ）などの会社で10年以上、コンピュータ・ソフトウェアの開発に携わるエンジニアとして勤めたあと、縁あって、慶應義塾大学の大学院政策・メディア研究科の博士課程に入り、以降、日本のインターネットの父とも呼ばれる村井純教授とともに、研究や教育に従事してきました。客観的に見て、インターネットやその社会応用の専門家だといえると思います。私が２００６年に博士号を取得したときの研究テーマは、まさに「デジタル通貨の開発」でした「資料2」。それは、いまでも私の重要な研究テーマです。

ビットコインについては、自分の研究に関連する事例だということもあり、使われはじめた当初から大まかには知っていました。２０１３年の春ごろ、ビットコインが社会で注目を集める兆しが出てきたときにちょうど、情報通信技術にかかわる業界紙に記事を書いたことがきっかけとなり、テレビ・ラジオのニュース番組や、新聞・雑誌などの取材を受けるようになりました。ですが、そうしたメディアで伝えていくとなると、どうしても時間や紙面がかぎられるので、もっとていねいに、じっくりと、ビットコインにたいするみなさんの疑問に答えていく必要があると思うようになりました。それが、この本を書くにいたったいきさつです。

●この本の目的

正直に言って、私はビットコインのことをよく思っていません。しかし、よく知らずにそう思うとしたら、たんなる偏見にすぎません。この数か月、私は、元の設計文書★［資料3］を読みかえしたり、技術仕様［資料4］にあたったり、ほかの研究者と意見を交換したりしながら、ビットコインについて理解を進めてきました。

サトシ・ナカモトは、ビットコインのアイデアを示した設計文書のなかで、**「信用ではなく暗号学的な証明に基づく電子的支払いシステムをつくる」**と宣言しています。その問題意識は正当だろうか、というのが、まず最初に感じる疑問です。ビットコインは、巧みに設計されたシステムですが、**最初のボタンをかけ違えている**という印象をもっています。ただ、政府や中央銀行でない者が貨幣を自分でつくりだすということには、未来の経済社会を考えるうえで、可能性があると私は信じています。

どんな新しい技術も、社会のなかで実際に使われながらもまれ、洗練され、私たちの生活を支える

★　「論文」と呼ばれることもあります。私の感覚では、論文と呼んでもさしつかえないと思いますが、「学会で認められたもの」といった誤解を生む可能性もあります。この文書は、メーリングリストに投稿されたレポートで、専門家による査読を受けたものではありません。サトシ・ナカモト本人が「design paper（設計論文）」と呼んでいることを尊重し、この本では「設計文書」と呼ぶことにします。

ツールとして育っていくというプロセスを経ます。その意味で、私はたんにビットコインについて否定的意見を述べるだけでなく、その未来を見すえてこの本を書いたつもりです。ですので、ビットコインについて、あるがままを紹介することに加えて、私の意見も書いています。あなたが、これからビットコインを使っていきたい、あるいは投資のために持っておきたいと思っているなら、知っていて損はない、技術的な特徴や注意すべき点についても書きました。

【入門編】——ビットコインについてのよくある質問に答えるかたちで、その特徴を紹介しています。

【使い方編】——ビットコインについてのより実践的な質問に答えながら、社会にどんな影響が現れるかについて考えていきます。

【そもそも編】——「お金って、なんだろう？」という素朴な疑問に答えることをとおして、ビットコインがもつ問題点について考えてみます。

【しくみ編】——ビットコインの技術的なしくみを解説しています。コンピュータシステムに興味のある読者向けに書いていますが、専門的な知識は不要です。

大きな意味で、ビットコインは社会的な実験だと思います。この本は、あなたがビットコインにたいして「これでわかった！」と思えるようになり、この歴史的な実験に自分も参加するかどうか、安心して態度を決められるようになるための本です。

目次

入門編

使い方編

そもそも編

しくみ編

入門編

この入門編では、ビットコインについてのよくある質問に答えるかたちで、その特徴を紹介します。

用語について

英語では、「Bitcoin」のように大文字で始まる場合は、ビットコインのシステムやそのネットワークを、「bitcoin」のように小文字で始まる場合は、個々のコインを示すことがあります。

日本語ではそのような書き分けは難しいのですが、ビットコインの単位である「BTC」★をもちいて、この本では、「ビットコイン」と書いた場合はシステムやネットワークを、「BTC」と書いたらコインのことを指すことにします。また、ビットコイン特有の用語については、《マイニング》のように《 》で囲みます。外来語として一般的でない言葉については、《マイニング》（採掘）などのように、初出時に日本語での意味を添えるようにします。

ビットコインは開発が現在でも進行中のソフトウェアであり、そのシステムをつくっている人たちがいます。★★その人たちを称して、この本では「ビットコイン・コミュニティ」という言葉をもちいます。「開発者」と呼ばないのは、ソフトウェア自体の開発だけではなく、概念の普及に努めている人など、さまざまな役割をもつ人々がかかわっているからです。

だれが発行しているの？

一人ひとりが発行する

日本では、千円札などのお札は、日本銀行が発行しています。百円玉などのコインは補助貨幣という位置づけになり、政府が発行しています。これらは、広い意味で、国が発行しているともいえます。また、銀行が実際に得ている預金の何倍かの貸付をおこなうこと（信用創造）によっても、新たに生まれているといえます。基本的に、日本の貨幣である円は、日本銀行が発行し、政府や一般の銀行を経て、私たちの経済活動のなかで使われ、やがて納税や借金の返済により政府や銀行に戻り、そこから日本銀行に回収されるというサイクルをもっています［図1］。

一方、ＢＴＣは、国や銀行ではなく、一人

［図1］日本銀行券の発行と回収

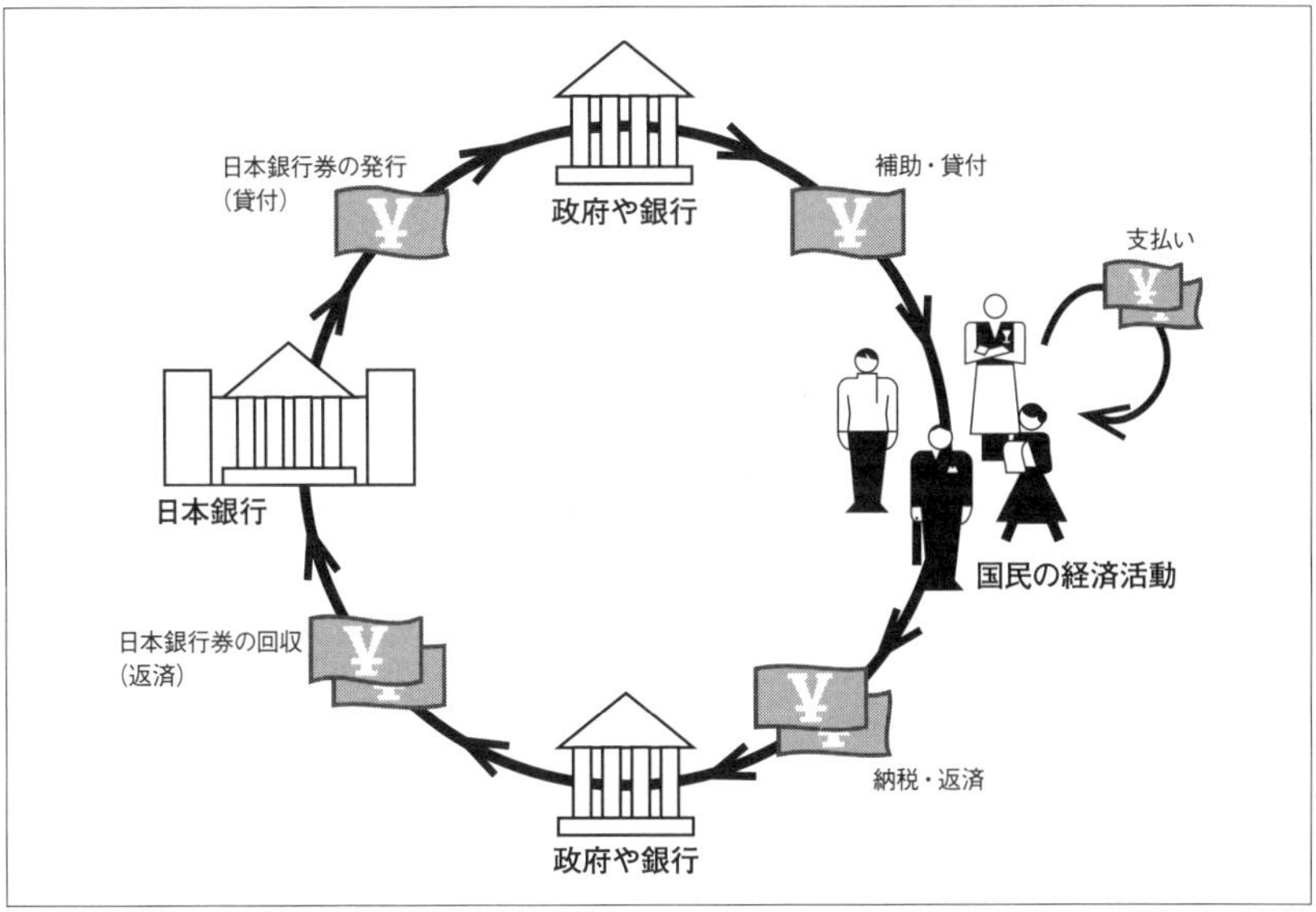

★　「BTC」は、ビットコインの単位として慣習的に使われてきましたが、ISO の国際標準に則るならば、国家と結びついていない通貨の略称は「X」で始まることになっています。このことから、最近では「BTC」の代わりに「XBT」をもちいる習慣も生まれています。

★★ ビットコインは、コンピュータの基本ソフトウェアである Linux などと同じように、オープンソースで、だれでも開発の内容を見ることができるかたちで開発されています。開発者には身元の知れている人も多く、特段、怪しい人々の集まりではありません。

ひとりが発行します。

おそらく、ビットコイン・コミュニティは、金《きん》をビットコインのモデルにしていると思います。金《きん》を掘りあてて獲得するように、ビットコインでは、BTCをいわば「採掘」するしくみをもっていて、それに参加する人々がつくりだしているのです［図2］。「採掘」のしくみは、《マイニング》と呼ばれ、平均して約10分間に1回の割合で進むことになっています。

●みんなで確かめあう

だれかが金《きん》を掘りあてた、というときは、それがほんとうに金《きん》なのかどうか、確認する必要があります。BTCも、正しく《マイニング》されたかどうかをたがいに確かめあうしくみをもっています。

この「たがいに確かめあう」というしくみは、BTCが新たに生まれたときだけではなく、人々がBTCのやりとりをするときにも動いています。

みなさんも、現金のやりとりをする場合、渡すときや渡

［図2］ビットコインの概要

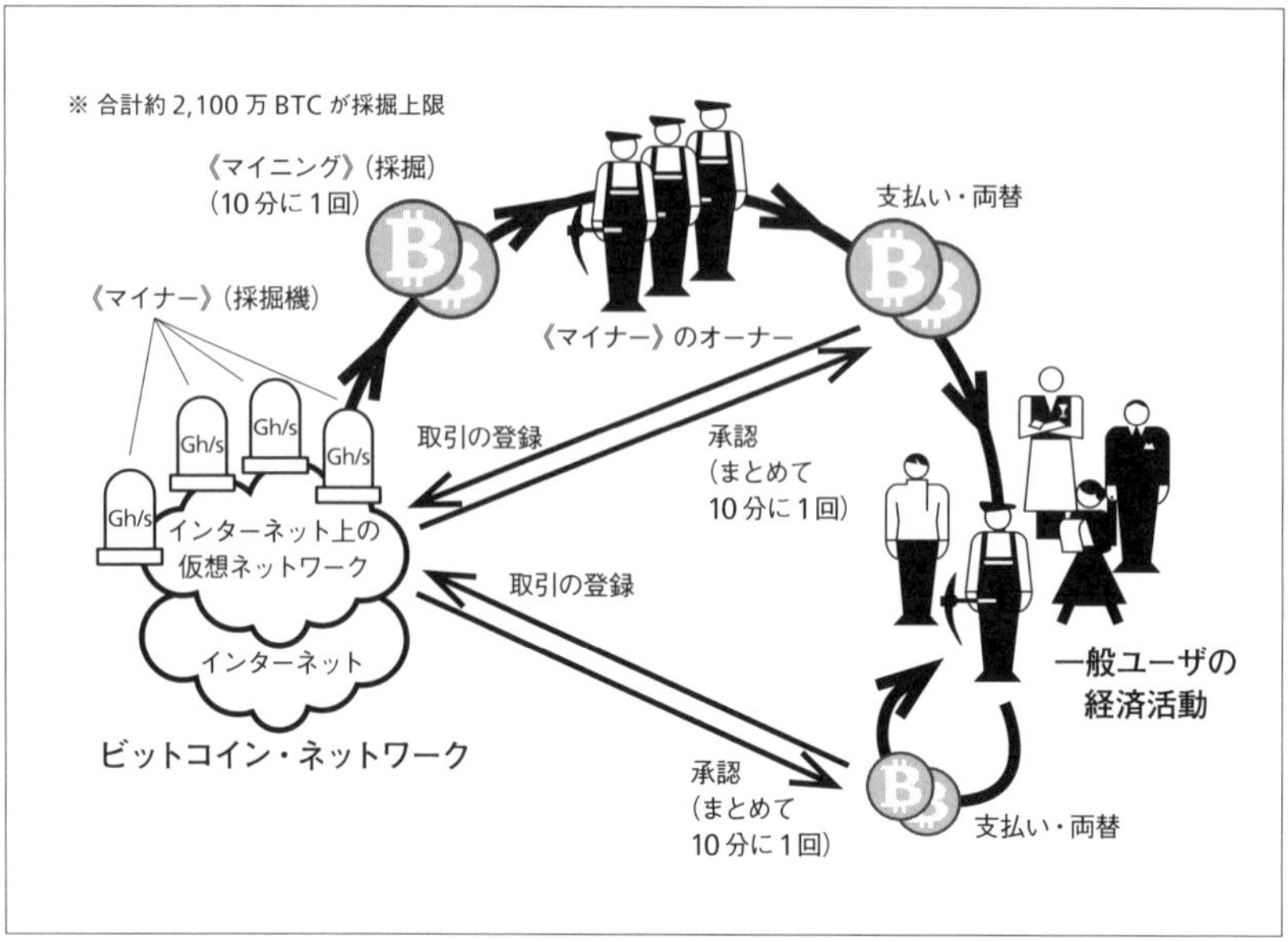

されるとき、正しい金額かどうか確認していると思います。それどころか、ヨーロッパなどでは、偽札を警戒して、店員がお札を蛍光灯にかざして簡単にチェックする文化もあります。

ビットコインでも同じように、ＢＴＣが正しく送金元から送金先に移動しているかどうか、ＢＴＣのデータが改竄《かいざん》されていないかどうかを確かめるしくみがあって、それが《マイニング》のしくみと統合されているのです。

●上限は合計で約２１００万ＢＴＣ

さて、［図１］と［図２］と比べてみればわかるように、ビットコインにはＢＴＣが回収されるサイクルがありません。そのままだと、延々と無限にＢＴＣが《マイニング》され、増えていくことになりますが、そのことは、インフレを呼び込んでしまうかもしれません。ビットコイン・コミュニティでは、「インフレを起こさない貨幣」をつくることを、そもそもの目標に掲げており、《マイニング》できるのは合計で約２１００万ＢＴＣまで、とシステムで決めています。

ビットコインが始まった２００９年当初は、１回の《マイニング》で得られるのは50ＢＴＣでした。この割合は、約４年ごとに半分になっていくように調整されており、２０１２年の11月に25ＢＴＣに変わりました。★その調子で供給量を減らしながら《マイニング》が続けられ、２１４０年までに、上限である約２１００万ＢＴＣに達することが予想されています。

★　このように急激に供給のペースが半減し、BTCがより希少になったことが、続く2013年のBTCの価格の高騰に関係しているのではないかと私は考えています。

値段の上下はどうやって決まるの？

●市場原理で決まる

ＢＴＣはお金で買えますが、日本円などで固定された価格をもつものではなく、現代の各国の法定貨幣がたがいにそうであるように、交換レートが変化し、値動きがあります。レートは安定せず、当初は無価値といえたものが、２０１３年11月末には１ＢＴＣの価格が10万円を超えました。

こうした値段の上下は、市場原理で決まります。すなわち、供給にたいして、買いたい人が多いと、値段が上がりますし、需要にたいして、売りたい人が多いと、値段が下がるということです。

●値段が上がる要因

報道メディアなどで話題にのぼると、興味をもって、買いたいと思う人が増えます。そのことによって値段が上がります。２０１３年の後半にＢＴＣが急騰したことには、報道でとりあげられる機会が多くなったことが関係していると思います。

また、ビットコインでは、新たなＢＴＣの供給量はしだいに少なくなるように工夫されていますので、今後も需要が変わらないか、あるいは大きくなるのであれば（すなわち社会に求められていくのであれば）、値段が上がる傾向があります。ただし、持っているだけでどんどん値段が上がっていくものなら、人々はあえてそれを日常の支払いには使いませんから、貨幣としてはその点で破綻しているともいえます。

●値段が下がる要因

一方、売りたい人が多くなる要因には、ビットコインがシステムとして信用を失うことがあげられます。たとえば、実際には支払いに使えない、といった状況が生じると、支払いシステムとして使おうと考える人が減り、ほかの貨幣に換えておこうと考える人が多くなっていきます。

たとえば、政府の信認を得られなかったり、あるいは、ソフトウェアのバグが見つかったり、サイバー攻撃を受けたり、といったことで、ビットコインのシステムは打撃を受けることになります。

実際に、２０１４年2月、ビットコインはシステムの脆弱性を突く大規模なサイバー攻撃を受け、多くの取引所（ＢＴＣと法定貨幣の両替所）のソフトウェアが改修を迫られました。その結果、取引所の機能が停止し、多くの利用者がＢＴＣを手放すことを望んだことで、その価値は急落することになりました。★

突然使えなくならないの？

●政府が止める可能性

政府が違法とすることで、ビットコインが使えなくなる可能性がないわけではありません。ただ、

★ この脆弱性を突く攻撃については「しくみ編」の84ページでくわしく解説しています。

ビットコインに否定的な対応をしているといわれる中国でさえ、ビットコインは禁止されているのではなく、「通貨や金融商品として認めない」とされているだけです。個人間でBTCのやりとりをすることは合法な行為と認められています。

台湾やロシアは、少し事情が違い、個人間でもビットコインを支払いにもちいるべきではない、としています。そもそも、ロシアの場合は、法定貨幣を代替する媒体を認めていません。ルーブルだけが貨幣なのです。これは、私の印象としては、民主主義の社会においては驚くべきことだと思います。人間は、価値交換の手段を選ぶ自由をもっていると考えるからです。

いずれにせよ、政府がビットコインを禁止することは、得策とは思えません。禁止すると、アンダーグラウンドに潜ってしまい、それこそ悪いことにしか使われないシステムとして定着してしまうからです。

各国でビットコインが法的にどうとりあつかわれているかは、［資料5］を参照してみてください。

●ソフトウェアの開発元・配給元が止める可能性

政府が禁止しなくても、ソフトウェアが供給されなければ、人々はビットコインを実際には使えなくなります。ソフトウェアは、究極的には、自分でつくればよいのですが、それを動かすプラットフォームの側が受け入れない場合もありえます。もし、そんなことが起きるとしたら、考え方によっては、法律よりも厳しい制約となります。法律は、その気になった人が覚悟して破ることも可能ですが、そもそも機能として提供されないものは、コンピュータの上で動かすことはけっしてできないからです。
これを書いている２０１４年3月現在、iPhone や iPad を開発・販売している米アップル社が、iOS 用の App Store にビットコインの《ウォレット》(財布アプリ)★を載せなくなっています。また、一般のアプリのなかでＢＴＣでの決済を可能にすることも認めていないようです。世の中で使われている《ウォレット》には、ウェブ上のサービスとして提供されているものもありますから、iPhone や iPad のユーザがビットコインをまったく使えないわけではありませんが、利便性は損なわれているといえます。

なぜ、アップル社は iPhone や iPad で《ウォレット》アプリを使えなくしているのでしょうか。真相は私にはわかりませんが、iOS 用の App Store に掲載されるアプリは、iPhone や iPad が売られている全世界で合法であることが求められているといいます。すると、ロシアがビットコインを合法と認めていない以上、アプリを載せるわけにはいかない、ということなのかもしれません。

現在、iPhone や iPad で《ウォレット》アプリを使えているユーザは、それを使いつづけることができますが、アップデートは受けられなくなり、仮にセキュリティ上の問題が発生したときなど、困ったことになります。そうしたことが起きるまえに、アプリからデータをエクスポートして、別の《ウォレット》に移すなどのことをしなければならなくなります。

以上のように、ビットコインが突然、使えなくなる状況が起きないともかぎりませんが、Ｐ２Ｐの考え方で自発的に始まったものは、なかなか終わらせにくいものです。それは、いつでもだれでも、始めなおすことができるからです。

★ 《ウォレット》については、「使い方編」の 30 ページでくわしく説明しています。

どうして広まってきたの？　これからは？

●開発コミュニティの努力

２００９年にビットコインが始まった当初、私はその行方を冷ややかに見ていました。ビットコインのシステムが基づいている、Proof of Work（作業証明）という考え方が、通貨システムをつくるうえで正しいとは思えなかったからです。

しかし、多くの技術者たちがその考え方に賛同し、ソフトウェアをつくり、ビットコインを利用できる環境を整える努力を払いました。私は、これは見習わなければならないなと思いました。

《マイニング》については、コンピュータを使って貨幣をつくりだせるというアイデアが面白いですし、コンピュータの力を極限まで発揮することが求められるので、技術者たちの興味を引く要素がとくにあったと思います。多くの技術者たちを、「やってみよう」という気持ちにさせたということです。

そうやって、ビットコインが広く使われるような、技術的な環境が整っていきました。

●従来の通貨への信用のゆらぎ

ビットコインにとって、ある意味ラッキーだったのは、それが登場したのが、ちょうど従来の通貨への信用がゆらぎはじめる時期と一致していたということです。自国の通貨が信用できなくなる状況が生まれ、自分の資産をＢＴＣに換えて持っておくという選択が、人々の「損をしたくない」という気持ちと合致しました。

よく、香港の人はかならず金《きん》のアクセサリーを身につけるといわれますが、★あれと同じです。政治情勢・経済情勢が不安定な状況に人々がおかれた場合、いつ、自分の資産が使えなくなるかもわからないので、国境を越えて価値が認められるものに自分の資産を換えておこう、という心理が働きます。実際、２０１３年３月のキプロスの経済危機のとき、銀行に預けていた預金をおろせなくなるような事態が発生し、人々は、自分の資産をどのように持っておくか、選択する必要に迫られました。このときに、多くの人々が資産をＢＴＣに移したといわれています。

ただし、金《きん》の場合は素材や原料としての価値がありますが、ＢＴＣはただのデジタルデータ、すなわち数字列ですので、だれも価値を認めなくなり、価値がゼロになってしまうことも、今後、起こりえます。

●これからさらに広まるのか、衰退するのか

ビットコインがこれからどうなっていくかについては、さまざまな不確定な要素があります。国や、アップル社のようなプラットフォーム会社の思惑が働くかもしれませんし、ビットコインのシステム自体の不備により自滅していくかもしれません。

しかし、人々に、従来の通貨に代わる支払いのしくみを維持したい、という熱意があるのなら、シ

★　ちなみに、中国本土と異なり、香港の貨幣当局はビットコインを規制していません。

ステムはだれにも止められないでしょう。ただ、私は、いまのシステムのままのビットコインにたいして、そんな熱意が生まれるのをよいとは思っていません。

いま始めないと損？

●始めないと損だと思う人、もう遅いと思う人

いま始めないと損だと思って、投資に精を出す人がいます。ビットコインが今後も広まっていくと考えるか、適当なところで売り抜けようと思っているのでしょう。

２０１４年２月末、世界最大手のビットコインの取引所のひとつだったマウントゴックス（Mt.Gox）が経営破綻しました。そのとき、投資家たちはどう考えたと思いますか？

ＢＴＣは買いどきだと考えたそうです。実際に買って、「市場に血が流れているときが、買うには好機だ」と発言したベンチャー・キャピタリストもいます［資料６］。私のところに取材に訪れた新聞記者も、投資家に「もっと危機を煽《あお》ってくれ」と言われたといいます。そういう人たちもいます。

一方で、一般にも注目されたいまでは、もう遅いと判断する人もいます。ビットコインがこれ以上、広まるとは考えていないわけです。

●大きく構えよう

世界中がビットコインを使うのがあたりまえの世界になったら、ある面では、いまよりも悪い経済社会が訪れると思います。ＢＴＣは、それが使われる市場が広がっていくなら、つねに希少になるように設計されています。何をするにもＢＴＣが必要なのに、ＢＴＣが得にくく、持てる者と持たざる者の格差が、いま以上に広がることになるでしょう。

だとしたら、いま、ＢＴＣを買い求めておいたほうがよいのでしょうか。私たちは、支配される側に立つよりも、支配する側に立つことを選ぶべきなのでしょうか。

じつのところ、私は楽観的に考えています。もし、そんな悪い状況が訪れたときは、いまの世界にビットコインが出てきたくらいですから、また新しいものを創ればよいのではないでしょうか。

私は、大きく構えていればよいと思います。

入門編

使い方編

そもそも編

しくみ編

この使い方編では、ビットコインについてのより実践的な質問に答えながら、社会にどんな影響が現れるかについて考えていきます。

ビットコインを使うためには、基本的にはコンピュータ（スマートフォンをふくみます）をもちいます。そのことについては、あとでくわしく説明するとして、まずはBTCを手に入れる方法を見ていきましょう。

BTCはどうやって入手する？

12ページの［図2］に示したように、BTCは、《マイニング》の報酬としてこの世に生まれます。ですので、そうやって手に入れられればよいのですが、現状では、じつは専用ハードウェアを使った《マイニング》環境への投資が必要になっていて、ゼロからBTCを生みだすのはなかなか大変です。

●分けてもらおう

いちばん簡単な方法は、すでにビットコインを使っている知りあいから、BTCを分けてもらうことです。私もその方法でBTCを分けてもらい、この本を書くのに必要な実験をおこないました。

私が分けてもらったのは0・009BTCですが、なにしろ手数料が安いので、それでも送金を試したりするのには十分です。

●取引所で購入する

世界最大手の取引所だったマウントゴックスが経営破綻したことで、ビットコインの「取引所」ないし「取引仲介所」という言葉が世間の注目を浴びることになりました。

もしかすると、ビットコインで取引をするときには、取引所を介するのだという誤解が生まれているかもしれませんが、BTCの送金に取引所は不要です。取引所は、BTCそのものを商品としてあつかい、法定貨幣にて売り買いするための市場であり、円やドル、ユーロの世界で置き換えれば、外貨両替所にあたります。

マウントゴックスが経営破綻したことにより、日本でのBTCの購入は、ちょっと厄介になりましたが、海外で存続しているその他の取引所を利用すれば十分に可能です。

マウントゴックスの経営破綻を受けて、ビットコインは今後どうなるのか、という質問をよく受けるのですが、たとえ大手とはいえ、外貨両替所を経営する会社が1社、民事再生手続きに入ったところで、通貨のシステム全体に影響がおよぶものではないのは、本来、自明だと思います。しかし、通貨は結局のところ、システム全体への信用により成り立っているものですから、人々が不安や不信を感じることが、ネガティブな影響をおよぼすことは避けられません。

●物理コインは本物？

読者のみなさんは、報道の写真などで、BTCの記号が刻印された金貨のようなものを目にしたことがあるかもしれません。そうしたものの多くは、土産品・記念品の類であって、買ってもBTCとして使えるわけではありません。しかしなかには、BTCを使うために必要なデータである《プライベートキー》（35ページ参照）を印刷したものを内部に封印したコインもありました［図3］。

これはBTCの「物理コイン」と呼ばれ、原理的には《ウォレット》の一種です。BTCを使うための権利をコインのかたちにしたものなので、直接、渡すことで、ビットコインのユーザでない人にもBTCを送ることができます。

これは、なかなか面白いアイデアではあるのですが、現実には、日常的に使っていくのは難しいだろうと考えられます。というのも、本物であるかどうか、すなわち、ほんとうに《プライベートキー》が埋め込まれているかどうかを確かめるのが大変だからです。また、《プライベートキー》は、ビットコインの口座を代表しているだけなので、その口座に残高があるかどうか

［図3］物理コインの例

Cassascius によるコイン（白丸で囲んだもの）は BTC の《プライベートキー》を印字したものを内部に埋め込んでいた（現在、制作されているものには入っていないそうです）。
http://www.flickr.com/photos/100239928@N08/11297122555/
By BTC Keychain　Under Creative Commons Licenses

も確認しないとわかりません。

たしかな鋳造技術と、偽造を禁止する社会的な制度があれば、もしかしたらこういうものも使っていけるのかもしれませんが、法律の体系にどう組み込んでいくかが課題となるでしょう。

この物理コインの問題にかぎらず、ビットコインという新しいテクノロジーと既存の社会が、どのようにたがいに歩みよっていくかというのは、今後の大きな課題だと思います。

《マイナー》（採掘アプリ）で入手する

《マイナー》（採掘機）と呼ばれるソフトウェアを使うと、《マイニング》に参加して、その報酬としてＢＴＣをもらうことができます。《マイナー》は、たんにＢＴＣをもらうためだけではなく、ビットコインのシステムの一部として、システムが正しく動作するよう維持する役割を担っています。

「しくみ編」でくわしく書きますが、《マイニング》は競争的なプロセスで、より高速に計算ができるコンピュータ環境を持っている人が勝つしくみになっています。２００９年当初は、個人が所有するふつうのパソコンでも《マイニング》に参加し、ＢＴＣを得ることができましたが、ビットコインに興味をもつ人が増え、《マイニング》のために、より巨大なコンピュータ資源を投入する人が出てきたため、競争が激化し、２０１４年現在は、専用のハードウェアを使わなければ、ほんの少しのＢＴＣでも得ることが難しくなっています。

［図４］は、マックで動かすことができる《マイナー》の例で、ＵＳＢデバイスのような形態で提供

されている既存の《マイニング》専用ハードウェアのなかから選択して利用できるほか、コンピュータのGPU（グラフィックプロセッサ）の並列計算を利用した《マイニング》もできるようになっています。★画面は、GPUによる《マイニング》を試しているところです。

［図5］は、あるビットコインユーザが構築した、比較的安価な《マイニング》環境です。《マイニング》では、ものすごい量の計算をしますので、ハードウェアが熱をもちます。そのための冷却システムをUSB扇風機で簡易につくっているところがミソですね。

●《マイニングプール》（集団採掘場）

「しくみ編」でくわしく書きますが、《マイニング》は「くじ引き」のようなものです（89ページ参照）。高速に何度もくじを引ける環境（＝計算パワー）を持っている人が有利ではあるのですが、そうでない人が勝つ場合がまったくないわけではありません。とはいえ、これだけ《マイニング》の競争が激化すると、個人が自分で持てるハードウェアだけで参加しても、めったに十分な見返りは得られないことになってしまいます。

［図4］《マイナー》（採掘アプリ）の例

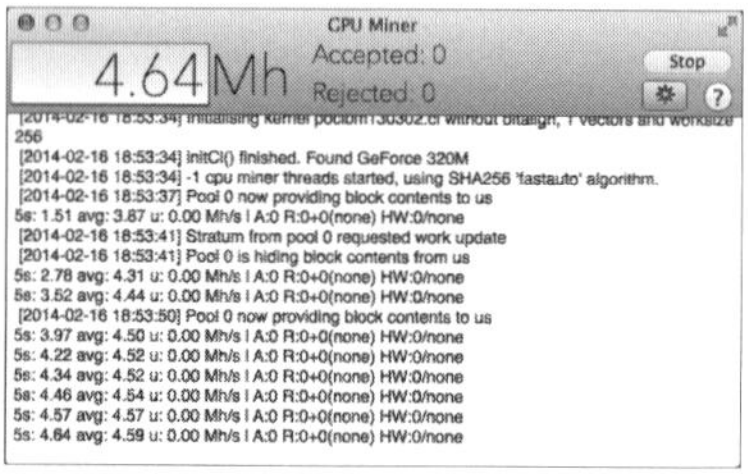

MacMiner バージョン 1.5.16 の画面

［図5］《マイニング》（採掘）専用ハードウェアの例

USB に対応した安価な専用ハードウェアを3枚と、冷却用の USB 扇風機で構成した《採掘》環境
http://www.flickr.com/photos/brownpau/11056571983/
By Paulo Ordoveza

そこで、《マイニング》を大勢で分担しておこない、成功した場合、その報酬（2014年現在で25BTC）を、仕事量に応じて分配するという、《マイニングプール（集団採掘場）》（または縮めて《プール》）というものが現れました。これにより、個人が［図5］のような比較的貧弱なハードウェアで参加しても、低いけれどもそれなりに安定したBTCによる収入を得られる道が開けたことになります。

現在では、多くの《プール》がそれぞれのポリシーに沿って運用されています。《プール》に参加するためには、各《プール》のウェブサービスにてアカウントをつくり、報酬を受け取るための《アドレス》（ビットコインにおける口座番号のようなもの）を指定したりします。最近の《マイナー》は《プール》に対応しているので、接続先の《プール》を指定し、アカウント情報を入力して「スタート」ボタンを押せば、簡単にその《プール》での集団《マイニング》に参加することができます。

●《マイニングプール》に潜む「危うさ」

《マイニング》は、競争でもあるのですが、正しい取引を承認するための「合意形成」のプロセスでもあります。「合意」は、基本的には計算パワーによる多数決で達成されます。もし、《マイニング》に参加する計算パワーの過半数が、ビットコインの健全な運用を妨げるような悪意をもっていたとすると、「合意」が正当におこなわれず、その過半数の意のままにビットコインを操作できてしまうという問題が知られています。これがいわゆる「51％攻撃」と呼ばれるものです★★。

ビットコインの運用の初期のころは、計算パワーが十分に分散していて、ある特定の主体が計算パ

★　実際の《マイニング》の競争の激化は、CPU → GPGPU（グラフィックプロセッサの汎用目的使用）→ FPGA（プログラマブルなハードウェア）→ ASIC（専用IC）の順でエスカレートしていきました。

★★　この攻撃については、「しくみ編」の82ページでくわしく解説しています。

ワーの過半数を所有するといった状況は考えにくかったのですが、《マイニングプール》が主流となっている現在、「51％攻撃」を可能にする状況がいつか現れることが、現実味を帯びはじめています。実際に、最近、ビットコインのネットワーク全体にたいして、ある《プール》が占める計算パワーが42％に達したことがありました［資料7］。これは危ういということで、多くの非難が集中したことから、その《プール》は参加者を減らし、わざと計算パワーを下げるという事態になりました。

このようなことが起きた背景には、もはや、《マイニング》のための環境自体の提供がサービス化（クラウド化）してしまい、人々が《マイニング》に参加するためのサービスをウェブから簡単に買い求められるようになったという事情があるといいます。《マイニング》のためのハードウェアを自宅に持つのではなく、どこかのデータセンターのような場所に置かれるハードウェアで《マイニング》してもらい、そこから報酬を得る権利を買うのです。そうなってくると、《マイニング》に参加するための敷居はグッと低くなりますし、人々が利益の出そうな《プール》のあいだを渡り歩くような状況が生まれます。よいサービスには、自然と人が集まってきます。《プール》間のユーザの移動が簡単であるような環境が整備され、ユーザの流動性が高まるにつれ、「51％攻撃」を可能にする状況がつくりだされてしまうリスクも大きくなってきているのです。

《ウォレット》（財布アプリ）で使う

BTCを受け取ったり、送ったりするときは、《ウォレット》（財布）と呼ばれるソフトウェアをもちいます。日本語に直すと「財布」ですが、あとで説明するように、実質的には、これはむしろ「印鑑入れ」に近いものです。

みなさんがインターネットでウェブを閲覧するときは、ご存じのように「ブラウザ」（閲覧の道具）と呼ばれるソフトウェアをもちいます。ブラウザは、Firefoxとか、Chromeなど、基本的には同じ機能をもったさまざまなソフトウェアがつくられ、出まわっており、人々はそれらのなかから選んで利用できます。

同じように、《ウォレット》もさまざまなものがつくられていて、ユーザはそれらのなかから選んで利用できるようになっています。［図6］は、「マルチビット（MultiBit）」という《ウォレット》の画面です。マルチビットは、ウィンドウズ、マック、リナックスなど、さまざまな環境に対応していますし、日本語も使えますので、最初に使う《ウォレット》としてはお勧めだと思います。

［図6］《ウォレット》（財布アプリ）の例

マルチビット（MultiBit）バージョン0.5.16★の画面

★　この本を書いている2014年3月時点での最新バージョンは0.5.17です。変更点は、簡単な問題の修正のほか、交換レートを参照するための取引所の選択肢のなかから、経営破綻したマウントゴックスがとりのぞかれたことです。

●《アドレス》（公開鍵）＝持ち主や送り先の識別番号

《ウォレット》では、《アドレス》と呼ばれる文字列（英数字列）でBTCの持ち主や送り先を識別します。たとえば、次のようなものです。

1MdHqvaNtjMnKsFeRfNJH3uAgbdGgx9VYD

これは、銀行のしくみに置き換えて考えると、「口座番号」にあたります。

みなさんのなかには、「なぜふつうの番号ではないのだろう」「なんだかでたらめで変に見える」と感じる人もいるかもしれません。興味のある人は「しくみ編」を読んでいただけたらと思いますが、ビットコインでは「公開鍵暗号系」という暗号のしくみをもちいており、《アドレス》は、相手に公開してもよい「公開鍵」と呼ばれる暗号キーのデータを、縮めて文字列で表したものなのです。

《アドレス》は、QRコードでも表すことができます［図7］。こうしておくと、スマホで使える《ウォレット》で読み込んで、簡単にBTCで送金することができます。多くの《ウォレット》は、《アドレス》のQRコードをつくる機能を備えています。

●BTCでの送金の仕方

［図7］《アドレス》のQRコードの例

符号化されている内容:bitcoin:1MdHqvaNtjMnKsFeRfNJH3uAgbdGgx9VYD?label=AcademyCamp
筆者が代表を務める「一般社団法人アカデミーキャンプ」の《アドレス》のひとつです。

《ウォレット》を使ってBTCを送金するためには、まず、相手の《アドレス》を教えてもらう必要があります。

そこから先は、それぞれの《ウォレット》によっても細かな違いはあると思いますが、メールなどからのコピペ、あるいはQRコードから読み込むことで送金先の《アドレス》を指定し、額面をBTCの単位（小数点以下も可能）で指定して、「送金」ボタンを押すだけです。このとき、《ウォレット》をパスワードで保護している場合は、そのパスワードを入力する必要があります。《ウォレット》は、パスワードで保護しておくことがお勧めです。

●取引の承認

「入門編」で、「BTCが正しく送金元から送金先に移動しているかどうか、BTCのデータが改竄されていないかどうかを確かめるしくみがあって、それが《マイニング》のしくみと統合されている」と書きました（13ページ）。ビットコインでは、1回の《マイニング》には平均して約10分間かかりますが、《マイニング》が重ねて進むことにより、取引の記録があと戻りできなくなっていき、たしかなものとしてみんなから認められていくというしくみになっています。

ユーザが「送金」ボタンを押すと、送金の取引データがビットコインのネットワークに流され、《マイニング》をするコンピュータがそのデータを受け取り、まちがっていないかを確認します。その後、《マイニング》が成功すれば、その取引は「1回」承認されたことになります。その後は、どこかで《マイニング》が成功するたびに、その取引が「承認」された回数はひとつずつ増やされていきます。

取引が1回、承認されただけの段階では、まれに、その承認がくつがえされて、取引がなかったことにされてしまう場合があります。ビットコインの世界では、慣習的に、「取引が6個の承認を得られれば安心」というようなことをいいます。

したがって、取引が最初の承認を得るまでには平均して約10〜15分、6個の承認を得て、取引が確定したと安心できるまでには、約1時間強かかることになります。

どの時点で取引が完了したとするか、つまり、承認の回数を表示するのか、それとも6個の承認を得られた時点で完了したと表示するのかは、《ウォレット》の種類によって異なります。「ビットコインでは平均10分で取引が完了すると聞いていたが、いつも1時間ぐらいかかる」という感想をもつ場合は、おそらく6個の承認を得られた時点で完了と表示する《ウォレット》を使っています。

●《アドレス》を打ちまちがえたら？

相手の《アドレス》を手で打ち込むことはまずないと思いますが、コピーに失敗したりして、たとえば最後の文字が入らなかったなど、正しく指定できなかったらどうなるでしょうか。ほかの人に送ってしまうことにならないか、心配になる人がいるかもしれません。じつは《アドレス》の文字列には、誤って入力した場合にそれとわかるように、チェック用の文字列（チェック符号）が冗長に入っています。ですので、まちがって入力されたとしても、エラーになりますので大丈夫です。たまたま、別の人の正しい《アドレス》を打ち込んでしまう確率は、約40億分の1以下です。

●《プライベートキー》（秘密鍵）＝ＢＴＣを使うための鍵

《ウォレット》を使ううえで、もうひとつ、とても大切な概念があります。それが《プライベートキー》です。これは、パスワードと誤解されることが多いのですが、パスワードと違って、ユーザが意識して使うことはありません。ですが、これが《ウォレット》に保存されているデータのなかにないと、自分の《アドレス》宛てに送られたＢＴＣが使えません。《ウォレット》を使うときのパスワードは、じつは、この《プライベートキー》を保護しているのです。

これは、銀行のしくみに置き換えて考えると、「印鑑」にあたります。さきほど、《ウォレット》は「財布」というより「印鑑入れ」に近いと書きましたが、それはこういう意味だったのです。

これで、「口座番号」にあたる《アドレス》と、「印鑑」にあたる《プライベートキー》が出てきましたが、もうひとつ、何か足りないものがあります。そう、「通帳」です。ビットコインのしくみを銀行の喩《たと》えで考えるとすれば、「通帳」は、インターネットの上につくられたビットコインのネットワークのなかにあります。《ウォレット》でビットコインのネットワークにアクセスし、自分の「口座番号」《アドレス》に対応する「通帳」を探しだし、残高を確認して、送金票★に「印鑑」《プライベートキー》で判を押せば、ＢＴＣで送金ができるというしくみなのです。

●匿名性はどうなった？

ビットコインの取引には匿名性があるという話を、みなさんも耳にしたことがあるかもしれません。

★ じつは、この喩えでより厳密に考えると、ビットコインのネットワークには「通帳」自体は保存されていません。「送金票」だけが保存されていて、そこから読みとれる情報を使って、《ウォレット》が通帳の入出金記録にあたる内容を構築して表示します。この「送金票」が、ビットコインにおける「コイン」にあたります。

しかし、ビットコインのネットワークはオープンであり、だれでも参加することができます。そんなネットワークのなかに「通帳」があるということは、だれであれ、ほかのだれかの「通帳」をのぞき見て、取引の履歴や残高を知ることができてしまうということになります。実際に、ウェブ上のサービス［資料8］を使って、ほかのだれの「通帳」でも、その中身を見ることができます。

それでは、いったいどんな意味で、ビットコインの取引は匿名などといえるのでしょうか。

じつは、匿名性にもいろいろと種類があるのですが、ビットコインにおける匿名性とは、《アドレス》からその持ち主を容易には特定できない、ということを言っているのにすぎません。

たしかに、《アドレス》の文字列には、名前など、本人を特定できる情報はふくまれていません。「通帳」に記載される送金先は、《アドレス》だけですので、そのままではだれにたいして送ったのかまではわかりません。しかし、違法な取引で、双方の素性を隠してやりとりするのでもなければ、送るときには相手を意識しているのですから、「これはだれそれの《アドレス》である」といったことをメモしておけば、その「通帳」の中身を見ることができます。

実際に、マルチビットなどの《ウォレット》では、送金先の《アドレス》にたいする「ラベル」（メモ書きのようなもの）を自分用に保存しておくことができ、あとで取引をふりかえりやすくしています。その人の「通帳」の中身を見て、だれと取引しているかまではわからなくても、いつ、何BTCを送ったか／受け取ったかはわかるのです。

そのことを気持ちが悪いと感じる人も多く、現在のところ、ビットコイン・コミュニティでは、ひとつの《アドレス》を使いつづけるのではなく、取引ごとに新しい《アドレス》をつくることを奨励しています。そうすれば、自分の「通帳」は無数にでき、取引相手にひとつの《アドレス》を教えたとしても、自分のそのほかもろもろの取引の様子を見られずにすむようになるというわけです。

しかし、そうやっていても情報があらわになる場合があります。これはなかなか複雑な問題ですので、ビットコインにおける匿名性については、またあとでくわしく述べます。

●《プライベートキー》はどう保管する？

さて、《プライベートキー》は、パスワードと同じか、それ以上に大切なものです。もし盗まれたり、なくしたりすると、せっかく自分に宛てられたBTCを使えなくなってしまいます。そこで、不正なアクセスを防止したり、《ウォレット》のデータを入れたディスクが壊れたりしても、大丈夫なように対策をしておく必要があります。

強いパスワードで守る

まず、大切なのは、《ウォレット》を「強いパスワード」で保護することです。強いパスワードというのは、推測されにくく、また、仮に《ウォレット》を動かしているコンピュータや《ウォレット》のデータが丸ごとだれかの手に渡り、そこで可能なパスワードを端から試していく「総あたり攻撃」にさらされたとしても、そうとう長い期間、もちこたえられるようなものです。

そのような強いパスワードのつくり方は、ウェブで検索するといろいろ出てきますので、参考にしてみてください。

強いパスワードは、当然、覚えにくいものになるのですが、私は、そういうものを紙に書いて保管しておいてもよいと思っています。パスワードを忘れてしまうよりは、はるかにマシですし、その紙を守ることに安全の意識を集中させることができます。

バックアップする

かたちあるものは、すべて壊れます。《ウォレット》のデータを保存しているディスクも、例外ではありません。かならず、バックアップをとるようにしてください。

《ウォレット》のなかには、ウェブサービスとして提供されているものもあります。そうしたサービスでは、自分の《プライベートキー》をインターネットの向こう側のサービスのほうで預かってくれます。一見、そのほうが楽な感じがしますが、そのサービスがはたして信用できるのか、という問題があります。また、仮にサービスの側で事故が起き、自分の《プライベートキー》が失われ、あるいは漏洩し、多額のＢＴＣがアクセス不能になる事態が発生したらどうなるでしょうか。各国におけるビットコインの法的なあつかいがはっきりしていない現状では、どのようなかたちでその補償がされうるのか、ほとんど期待できません。

ネットワークと切り離す

そもそも、《プライベートキー》を自分で保管するにしても、ウェブ上のサービスで預かってもらうにしても、オンラインであるかぎり、不正アクセスの危険性はいつでもつきまといます。

そのような危険性から逃れるひとつの考え方は、自分の《プライベートキー》をネットワークから切り離すことです。たとえば、取り外し可能なディスクに《ウォレット》のデータを置き、そのディスクを取り外しておきます。そのようにして《プライベートキー》を保管してある状態を《コールドストレージ》と呼びます。★ たいして、オンラインになっている《ウォレット》を、とくに《ホットウォレット》と呼ぶことがあります。

《コールドストレージ》にたいしても、《アドレス》がわかっていますから、入金はできます。ですがもちろん、《プライベートキー》がネットワークから切り離されているあいだ、それに対応するBTCは使えないことになります。それでは不便ですので、自分がふだん、使う分のBTCを通常の《ウォレット》に入れておき、残りを《コールドストレージ》に保管しておくというような工夫もできるでしょう。

《ペーパーウォレット》は使い方に注意

[図8]は、そのような《コールドストレージ》としても使える例で、紙の《ウォレット》です。一見、紙幣のように見えてしまいますし、実際、この《ペーパーウォレット》を相手に手渡すことで、ソフトウェアの《ウォレット》を使って

[図 8]《ペーパーウォレット》の例

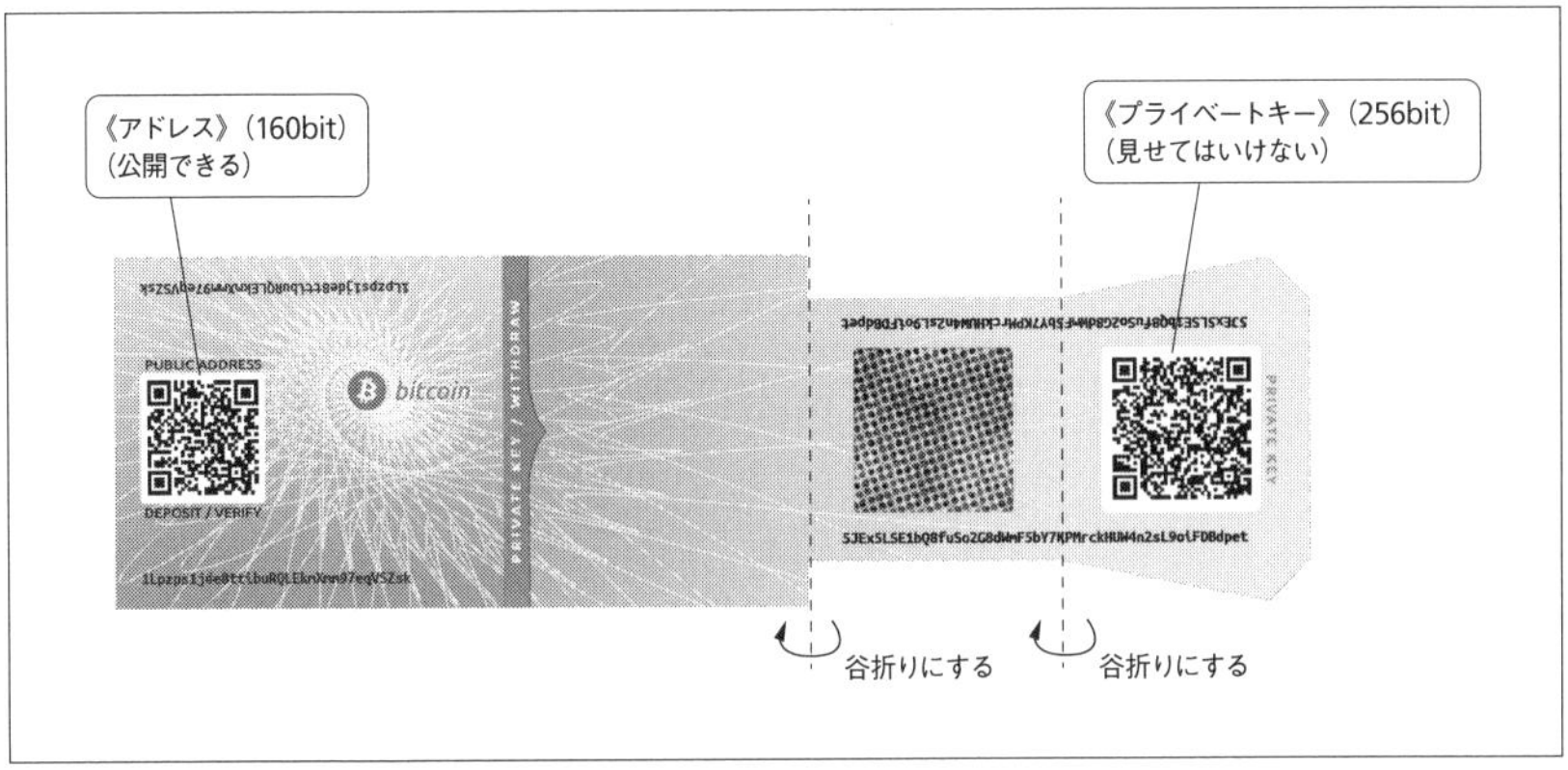

https://bitcoinpaperwallet.com を利用して生成したものです。例としてつくったものであり、中身は空です。

★ もし、あなたが自分のBTCをウェブ上のサービスに預けたいと考えるなら、注意しておきたいことがあります。そうしたサービスには、顧客のBTCが大量に保管されていますから、犯罪者による攻撃の格好の標的となります。自分が利用するサービスのシステムに攻撃があった場合の被害を最小限に食い止めるため、もしBTCを預けるのなら、《コールドストレージ》をしっかり管理できるサービスを選ぶのが賢明です。実際に、2014年3月、カナダの取引所Flexcoinが不正アクセスを受け、《ホットウォレット》内のすべてのBTCの盗難に遭いましたが、《コールドストレージ》に保管されていた分は保護されており、顧客に返還されることになりました[資料9]。一方、日本に拠点をもつ大手取引所マウントゴックスの経営破綻の問題では、《コールドストレージ》に保管されていたはずのBTCさえ、ほとんどなくなっていたと発表されています[資料10]。

いない相手にも送金できるという使い方も可能です。ただし、これも《ウォレット》の一種だということは忘れないでください。すなわち、これも《プライベートキー》の保管媒体なのであり、喩えるなら「印鑑入れ」のようなものなのです。

実物の「印鑑」とは異なり、QRコードとして表現された《プライベートキー》は、カメラで撮影されることが即、盗難に直結しますので、けっして人前で見せないようにしなければなりません。

実際、米国のケーブルテレビの番組でビットコインの使い方を紹介していたところ、うっかり《ペーパーウォレット》を開いてその《プライベートキー》のQRコードをカメラに向けてしまったとたん、ある視聴者によって20ドル相当のBTCが盗難に遭うという事件がありました［資料11］。

ただし、この例のように、《プライベートキー》が失われたのではなく、盗難に遭った場合には、そこから送金された先の《アドレス》をたどって、盗まれたBTCの行方を追跡していくことができます。

お釣り・両替はどうやっている？

●取引の「入出力」

受け取ったBTCを、そのままの金額では使いたくないときがあります。大きな額のBTCが入っている《アドレス》から、少しだけ使ったり、あるいは、複数の《アドレス》を使っている場合なら、まとめて大きな額にして使いたいときもあるでしょう。そのため、ビットコインには、コインをまとめたり、崩したりする機能があります。★

ビットコインでの「送金票」にあたる取引データは、複数枚のコインを同時に使ったり、「釣り銭」をもらえるように工夫されており、複数の入力（入金に使うコイン）と、複数の出力（出金に使うコイン）が指定できるようになっています。出力は、典型的には相手に宛てるものと「釣り銭」のふたつになります。

任意の額の送金をおこなうためには、［図9］が示すように、過去の自分宛ての取引データの出力（＝コイン）を集めて、これからおこなう取引の入力として指定します。入力

［図 9］取引の入出力

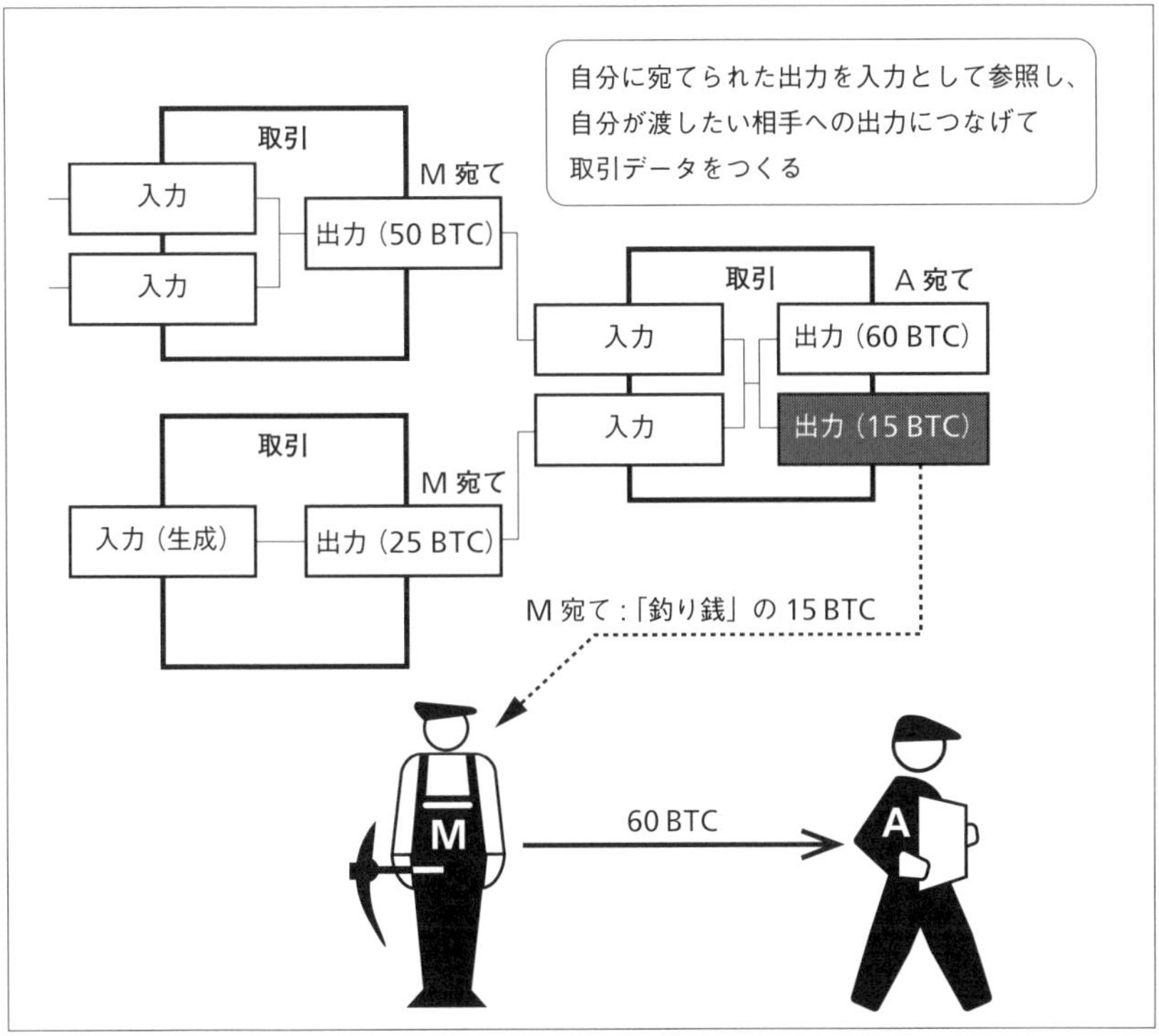

★ ビットコインでは、送金の単位でコインになっていますので、何回か同じ《アドレス》で送金を受ければ、その《アドレス》の残高は複数のコインに分かれていることになります。それらのコインをまとめて使うことも当然ありえますが、《ウォレット》が自動的にこうした機能を使って処理をしてくれています。

に指定したBTCの総量が送金したい額面を超える場合は、自分が使える《アドレス》を「釣り銭」用の出力先に指定します。

この処理は、一般のユーザは気にする必要がなく、《ウォレット》のなかで自動的におこなわれます。ただし、匿名性の観点からは、別々の《アドレス》に宛てられたコインをまとめて入力として指定すると、それらの《アドレス》どうしが同じユーザに使われていることが露見し、取引の追跡がより容易になるという問題が知られています。

匿名？ 追跡可能？

●追跡することで何がわかるか

ビットコインのネットワークに保管されている取引履歴から、具体的にどの程度までの情報を引きだせるか、米国のカリフォルニア大学サンディエゴ校の研究者などからなるチームが実際に試してみた研究があります［資料12］。これは、取引の入力に使われたコインの《アドレス》や、出力で「釣り銭」の送金先として指定された《アドレス》をていねいにわりだして、完全ではありませんが、BTCの保有の移り変わりを追いかけたというものです。

その結果、多くのBTCがオンラインのギャンブルに使われていることがわかったり、盗難されたBTCが見かけ上の持ち主を変えて移動していく様子が観察されたりしたといいます。

また、BTCの流れの追跡を混乱させるための《ミクシングサービス》の品質を分析した、ドイツのミュンスター大学の研究者による研究もあります［資料13］。

《ミクシングサービス》は、BTCの送金を無関係な《アドレス》から転送することで、取引の入力と出力の関係を断ち切り、追跡を混乱させるためのものです［図10］。概念的には、これにより高度な匿名性が得られるはずですが、サービスの品質はまちまちですし、信用がおけないものもあります。★また、サービスが捜査当局に情報を提供しないともかぎりません（私が捜査当局なら、《ミクシングサービス》をおとり捜査にもちいると思います）。そして、巨額の資金を《ミクシングサービス》をもちいて洗浄するには、めだたない額面まで分割する必要があり、大きな手間がかかるほか、追跡を難しくするための高度なリテラシーが、利用者の側に求められます。

こうしたBTCの流れ自体の追跡が仮に決定的な

［図10］《共有ウォレット》をもちいた《ミクシングサービス》

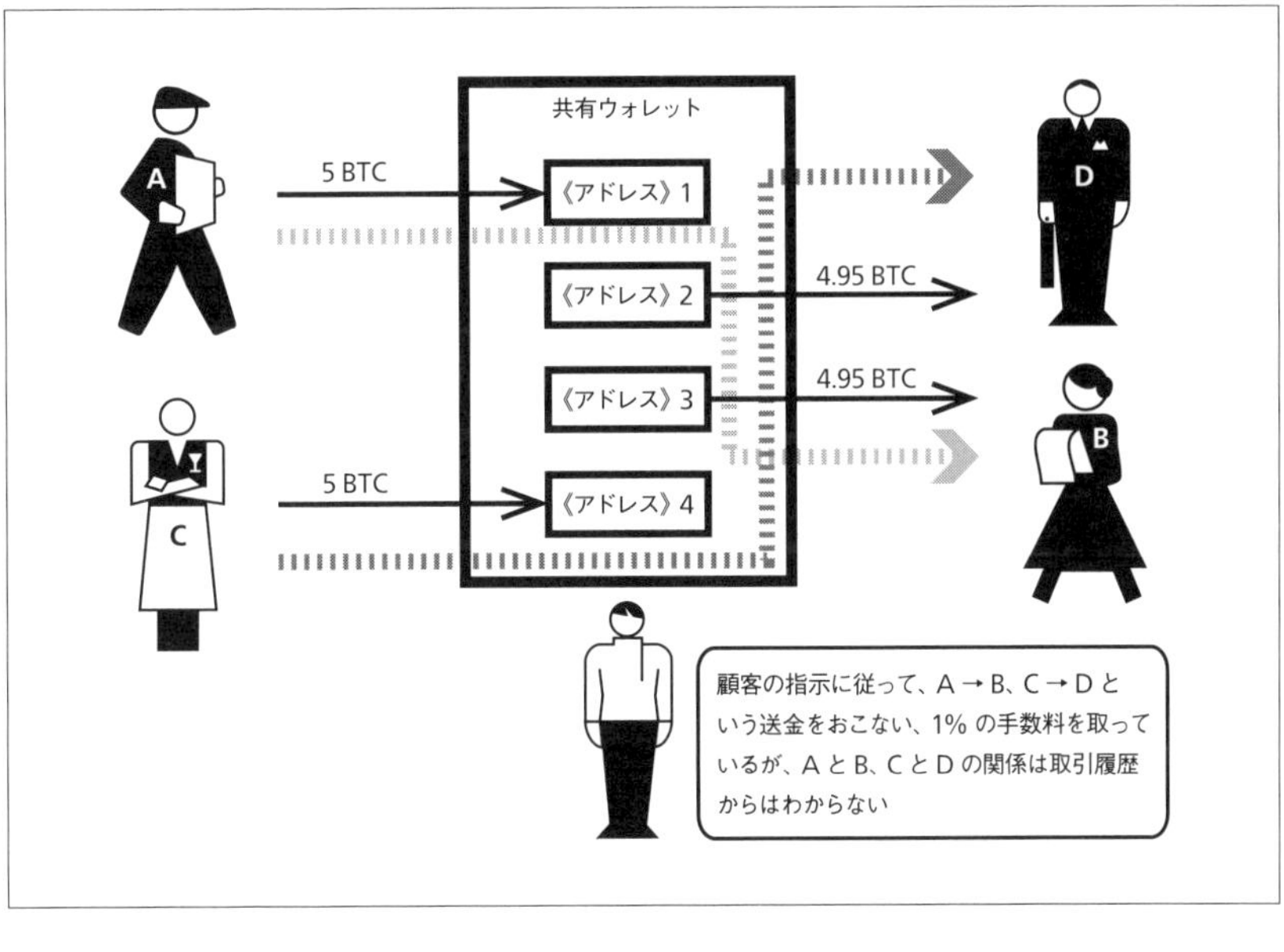

★　さきに示した米国の研究［資料12］では、《ミクシングサービス》を試したところBTCを持ち逃げされたそうです。

情報にならなくとも、犯罪者は、どこかで現金化しようとしますから、足がつきます。ＢＴＣは、けっして盗むのに向いていないのです。

●捜査当局は何をすべきか

とはいえ、そうした犯罪に対応できる体制が社会にできていなければ、盗まれたＢＴＣをとり返したり、補償を求めたりすることは困難です。

まず、その国での法的なあつかいを決める必要があります。ＢＴＣが、守られるべき個人の資産であることを、貨幣としてでも、金融商品としてでもよいと思いますが、なんらかのかたちで社会が認める必要があります。

そのうえで、必要に応じて捜査当局が捜査することになりますが、取引の履歴からだけでもかなりの情報は得られるものの、ビットコインのネットワーク内を中継されている取引データを恒常的にモニタリングしていたほうが、より多くのことがわかるようになります。

盗難されたＢＴＣが換金されうる取引所で、顧客の個人情報を押さえておき、また、取引所がＢＴＣの受け取りに使用する《アドレス》を当局が押さえておけば、取引履歴が更新される様子を観察していれば、盗まれたＢＴＣ（の一部）が取引所で換金されたときに、その人物を特定できることになります。そこからバックトラックして資金の流れを追うことができます。

注意深い犯罪者は、取引所での交換を避けることになりますが、それはオンラインで換金できないことを意味します。路上でＢＴＣの売買がおこなわれるとすれば、捜査の手法は、麻薬取引の捜査などでおこなわれている方法に準じることになるでしょう。

このように、BTCが盗まれるというケースに関しては、その行方を追い、損失が補償されるための道筋をつけていくことができます。

しかし、現状、《プライベートキー》をなくしてしまったら、そのBTCを所有していたという証明さえできなくなります。ここは、技術の側が歩みよってどうにかしなければならない点だと思います。

ビットコインが盗まれたら？

●匿名性は幻想

以上のことからもわかるように、「ビットコインの取引は匿名性が高い」というのは、幻想です。

たしかに、クレジットカードほど実名ではありませんが、現金ほど匿名性があるわけではありません。

紙幣にはそれぞれ番号が打ってあります。受け取るときにはかならずその番号を控えて、しばらくとっておく、というような決まりがあったとしたら、現金の流れを追っていくことができますが、実際にはそうではありません。匿名で取引をしたいなら、現金ほどそれに向いている媒体はありません。

ビットコインの場合は、取引の履歴をネットワークのなかに保存して、維持しています。どの《アドレス》から、どの《アドレス》へとBTCの送金があったかがわかります。ですので、違法な売買に使われたBTCがどの《アドレス》宛てに送られたか、その先はどこに行ったかを、《ミクシングサービス》により混乱させられることはあるかもしれませんが、基本的にはどこまでも追っていくことができます。

このことを気持ちが悪いと思う人も多いので、ビットコイン・コミュニティでは、現在、ユーザが取引ごとに《アドレス》を変えることを勧めているわけです。

私は、このことには、利点よりも難点が多いと思っています。通常は、匿名性があるほうが安心できるかもしれませんが、BTCをなくしたり、盗まれたりすることが問題となるのは、じつは、システムに匿名性をもたせようとしているからにほかなりません。仮に、《プライベートキー》が実名の人物と結びつく設計になれば、《プライベートキー》をなくしたときの再発行や、本人以外による《プライベートキー》の使用を妨げることを可能にでき、紛失や盗難にたいする対策を技術的・社会的にシステムに組み込んでいく道が開けます。

また、すでに見たように、取引ごとに《アドレス》を変えても、中途半端な匿名性しか得られません。送金の際にまとめて使うことにより、複数の《アドレス》がひとりに属していることがわかるからです。

●詐欺、誤操作のあったときは？

ビットコインでは、一度起きた取引は取り消せません。取り消すことが容易でないようにつくられています。もし、まちがってBTCを送ってしまったときには、送金しかえしてもらうほかありません。

詐欺に遭ってだまし取られた場合には、《アドレス》をたどることにより、盗まれたBTCを追跡していくことができます。ただ、《アドレス》から個人を特定することは、一般の人には難しいでしょう。しかし、捜査当局には可能なことがあるはずです。そのために捜査当局が何をしておくべきか、私の提案はさきほど書きました（44ページ）。

●なくしたり盗まれたりしたら？

《プライベートキー》をなくすと、対応するBTCは、だれも使えなくなります。したがって、事実上、世界から失われたことになります。実際に、英国在住の男性が、当時7億円を超える価値をもつBTCの《プライベートキー》が入ったハードディスクを誤って捨ててしまい、それがニュースになったことがあります［資料14］。そうなってしまったら、ゴミ処理場に行って探すしかないわけです。

また、《プライベートキー》が盗まれ、BTCが送金されてしまうと、ビットコインのシステム的にはその不正な取引は取り消せません。ただ、前述したように、送金先の《アドレス》は明白ですので、今後の法整備と捜査当局の対応によっては、取り返せる可能性は残っています。

よく確認せずに、《ウォレット》のアプリのアップデータをインストールして動かしたら、手持ちのBTCがすべて知らない相手に送金されてしまった、といった事例もあるようです。これは、正しいアプリをどう選ぶかが大切であり、ダウンロードしたものが、不正に改竄されたものでないか、確認する必要があるということを示しています。

正しいアプリの選び方は、評判によるしかありません。定評のあるものを選んだり、信頼できる相手に相談するのがよいでしょう。

ダウンロードしたアプリが、不正に改竄されていないかどうかは、「ハッシュ値／ダイジェスト」（95ページ参照）といったものをもちいて確認できますので、そのやり方は学んでおいて損はないでしょう。基本的には、アプリの供給元が表示している「ハッシュ値／ダイジェスト」と、自分がダウンロードしたアプリのファイルから計算される「ハッシュ値／ダイジェスト」が一致しているかどうかを確かめます。

取引に消費税や印紙税はかからない？

●国の決まりに従う

ＢＴＣでの取引が課税されるかどうかは、それぞれの国での決まりに従います。シンガポールやドイツでは、課税する方向です。ユーロが流通する地域はひとつの経済圏ですので、ユーロ圏における税制上のＢＴＣのあつかいは統一されていくと思います。デンマークでは課税しないことにしました。

●日本ではどうするのか

日本ではまだ決まりができていません。大手取引所だったマウントゴックスが経営破綻したことを受けて、議論が始まったところです。

２０１４年3月7日、政府は現在の法律の枠組みのなかでビットコインをどうあつかうかを示した「回答書」を閣議決定しました。ＢＴＣは通貨ではなく、それ自体が何かの権利を表すものでもないため、銀行や証券会社がＢＴＣを通貨や証券としてあつかって、預かる口座を開設したり円との交換をおこなうことはできないとしています。ですが、その一方で、ＢＴＣを対価とすることを禁止する法律はないともしています。いまのところ、総論としては中国に近い立場だと思います。

ＢＴＣでの支払いを受け付ける東京・六本木のダイニングバーでは、定期的に日本円に両替して、税金を納めているといいます。これは、賢明なやり方だと思います。

ビットコインで商取引のかたちが変わる？

●オンライン決済の導入は容易に

あなたがもし、インターネット上で商売を始めて、オンライン決済を導入したいとしたら、ＢＴＣでの支払いの受付は、導入コストがほぼゼロです。自分のパソコンやスマートフォンでビットコインの《ウォレット》のアプリを立ち上げれば、大抵のアプリでは、空の《アドレス》と、組になる《プライベートキー》が自動的につくられますから、あとは支払い先としてその《アドレス》を顧客に伝えるだけです。顧客は、どの《アドレス》から支払うか／支払ったかを注文の際に伝えれば、店舗の側でも確認ができます。すでに実店舗を経営している人なら、支払い先の《アドレス》を明示した簡単なウェブページと、注文を受け付けるためのメールアドレスでも用意できれば、すぐにでもオンラインで開店できることになります。

いまはオンライン・バンキングもさかんなので、振込先の銀行口座を顧客に伝えるのと、大きな違いはないかもしれません。ですが、銀行口座の開設や、振込やその確認の手続きよりもはるかに簡単に、そして手数料も安く、システムを導入し、実際に決済することができます。

●日常の買い物は変わらないかも

ビットコインでは、支払いの手続きをしてから、その支払いがネットワークに最初に承認されるまでに、平均して約10～15分のタイムラグがあります。また、その取引が確定したといえるためには、約1時間強かかります。これは、クレジットカードなどで実際の入金がおこなわれるまでと比べたら、格段に速いといえるかもしれません。しかし、個人を特定できるクレジットカードでは、支払いの手続きを済ませたら、顧客がその場をたち去っても問題がないのに比べ、ＢＴＣで払う場合は、現金と同様ですので、ＢＴＣが送金元から送金先に確実に移動したと確認できるまで、顧客には、そこにいてもらわなければならなくなります。

コンビニで買い物をするときなどは、急いでいることも多いでしょうから、このことは日常生活のなかでビットコインが使われていくことへの、大きな障壁となりえます。このタイムラグを緩和するために、プリペイドカードにBTCの額面をチャージして、お店での小口決済にはプリペイドカードを使う、という方法が使われていくでしょう。メキシコのセブン－イレブン全店でビットコインの利用が可能になっているのは、おそらくこういった方法を採用したためと思います。

そうなってくると、カード型の電子マネーが普及している状況と、さほど変わらないことになるのではないでしょうか。

●送金が、より簡単になる

ビットコインでは、送金がとても簡単なので、なんにでも手軽に支払いができます。相手にQRコードを見せてもらえれば、ちょっとした手伝いのお礼などにも、小さな額を手軽に支払えることになります。米国ではチップの習慣があります。クレジットカードで支払うときにチップの分を上乗せすることもありますが、チップは基本的に現金ならではの習慣です。現金に似せているビットコインも、チップのような習慣が生まれるのに役立つかもしれません。

ただし、BTCが希少でありつづけるなら、そんなふうには使われないでしょう。もったいないと感じるでしょうし、もし、今後もBTCが使われる市場が広がっていくとしたら、希少なBTCをだれもがほしがって、値が上がっていく可能性もあります。

「カネは天下の回りもの」ということわざが日本にはありますが、人々のあいだを十分に回っていけるためには、希少性が強くなっていくことは大きな障壁となります。

●グローバル化は進行する

もしビットコインや、それに類するものが普及していけば、これまで以上に国と国のあいだの垣根がなくなるということは起きてくるでしょう。国をまたいだ送金が簡単で安価になりますが、そのことは、よいことばかりではありません。

私たちは、より激烈な競争にさらされることになります。たとえば、あなたがイラストレーターなら、世界中のイラストレーターと競争しなければならなくなります。国をまたいだ決済は簡単なのですから、依頼するほうは、希望の画風で描いてくれる、世界でいちばんうまい人から順にオファーしていって、空いている人に頼んだり、あるいはもっとも安い人に頼んだりできます。そのとき、あなたは、確実に仕事をもらえるでしょうか。

グローバル化が進むにつれて、すでにそうした傾向は強まっています。

ＢＴＣが今後もし、世界で広く使われていくならば、競争に勝つために、いま以上にモノを安くつくる必要が出てくるでしょう。そのために、自然や貧しい人々から搾取するということが、いまにも増して進行していくでしょう。

これから大きくバージョンが変わったりしないの？

●バージョンの変わり方

ビットコインもそうですが、すべてのソフトウェアは、人々に使われているあいだは、改善が続けられ、バージョンが変わっていきます。特定の企業が開発しているソフトウェアが、どのように改善されていくかは、基本的にはその企業の意思決定の仕方によります。ビットコインは、オープンソースのソフトウェアですから、ビットコイン・コミュニティの総意に基づいて、不具合が修正されたり、機能が追加されていきます。

ビットコイン・コミュニティには、いちばん広い意味では、ユーザもふくまれるでしょう。しかし、総意といっても、ユーザすべての意見が尊重されるわけではないと思います。ソフトウェアの開発に直接、携わっているほうが、意見は通りやすくなるでしょう。

ある意味、そこで階級制が生まれてしまいます。

●どう変わるか、どう変えるのがよいか

いまのままでは、ビットコインは社会のインフラとして使われていくには、きわめて心もとないものです。どう変わるかは、私はビットコインの開発コミュニティには参加していないのでわかりませんが、具体的に変わったほうがよいと思うのは、《アドレス》のとりあつかい方です。匿名性の追求

とは真逆の方向になりますが、人間を識別する識別子を導入したほうがよいと考えます。

そうすれば、なくしたときの鍵の再発行ができるようになったり、盗んでいった犯人には使えないようにもできます。なくしたり、盗まれたりするのは特殊な事情だと考える人がいるかもしれませんが、特殊なことでも、簡単に起こせてしまうのがデジタルの世界です。自由度が高い分、よくないことが起こったときのことを、よく考えておかなければならないのです。

そうした対策をおこなったうえで、利用者のプライバシーについては、別の機構として議論していくのがよいと思います。

●ビットコインの「亜種」の存在

ビットコインのソースコード（人間が読めるプログラム）は公開されていますから、それに基づいて、別のソフトウェアを開発することも可能です。

そのことを利用して、ビットコインを改修するよりも、別の種類のデジタル通貨を創りだしていくという動きがあります。ただ、ビットコインのソースコードに基づいて、同じしくみを踏襲するものがほとんどですので、私が問題だと思っている部分については、基本的には、そのままビットコインの性質を引き継いでいるものが多いということになります。

ビットコインの「亜種」ともいえるそれらのソフトウェアはたくさんありますが、ここではそのうち、ふたつを紹介します。

ライトコイン（Litecoin）

ライトコイン［資料15］は、ビットコインについで利用されているデジタル通貨です。後発ですので、開発者たちがビットコインについて問題だと考えている部分について、いくつかの改善が施されています。

1　発行数の上限がビットコインよりも高く設定されている。
2　《マイニング》の時間間隔をビットコインより短くしている。
3　《マイニング》専用ハードウェアの開発を難しくするため、メモリを大量に使うアルゴリズムが採用されている。

とはいえ、パラメーターが変わっている、という程度の違いであり、本質的にはビットコインとなんら変わりません。

ドゲコイン（Dogecoin）

ドゲコイン［資料16］は、おそらくライトコインのソースコードをもとにつくられた、洒落《しゃれ》で生まれたようなデジタル通貨です。柴犬がモチーフになっています。

ドゲコインは、じつは読み方が定まっていないのですが、「日本語読みする

［図10］ライトコイン

https://litecoin.org

［図11］ドゲコイン

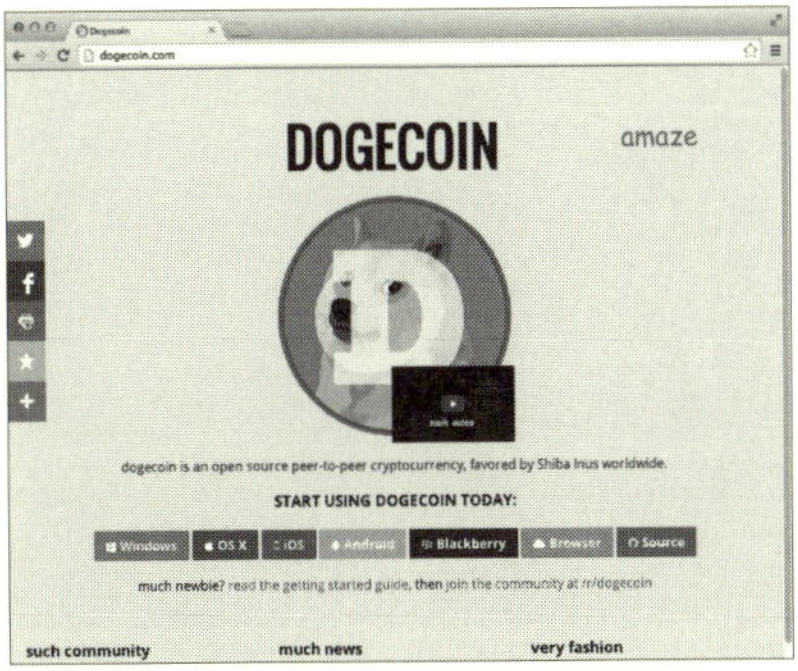

http://dogecoin.com

のがよいのではないか」との指摘が一部であるので、「ドゲ」としてみました（CNNは「ドージコイン」としたようです）。サトシ・ナカモト以来、デジタル通貨の分野では日本が精神的な故郷あつかいされているようなところがあります。

ドゲコインには、発行数の上限がありませんし、《マイニング》により得られる新規のコインの量も一定になっています。文化的に「軽いノリ」が大事にされていて、「チップ」のための通貨という特性を強く備えています。

そもそも編

このそもそも編では、「お金って、なんだろう？」という素朴な疑問に答えることをとおして、ビットコインがもつ問題点について考えてみます。

「貨幣」はすべて仮想のもの

●「仮想通貨」という言葉のおかしさ

ビットコインは、報道メディアなどで「仮想通貨」と呼ばれることがとても多く、それ以外の言葉で表現されることがほとんどありません。しかし、「はじめに」でも書いたとおり、この用語は正確ではありません。なぜなら、交換の媒体である「貨幣」や、流通している貨幣を指す「通貨」は、すべて仮想のものだからです。

「仮想○○」というのは、仮に何かを「○○」だと考えることですが、貨幣や通貨は、仮に何かを「貨幣や通貨」だと考えることによってしか生まれないのです。

いま、あなたの手のひらに百円玉があったとしたら、私たちは「そこに百円がある」と考えがちです。しかし、実際にそこにあるのは、「１００」という数字が刻印された金属製の小さな円盤です。ここで、百円でたとえばトマトが1個買えるとしたら、私たちは、「百円玉=トマト1個」という関係を仮につくっていることになります。なぜ「仮」かというと、そもそも、金属でできた百円玉と、野菜のトマトは似ても似つかないものだからです。にもかかわらず、私たちは、それらを同じ価値をもつものだと仮に考えるわけです。

あるものと、それとは物理的に異なる別のものが「同じ値段である」というのは、人間が頭のなかで決めている関係です。言ってみれば、心の作用であり、心理現象です。貨幣は、その心の作用を外の世界に出して、目に見えるようにしたものだともいえます。そのことによって、みんなが同じ尺度をもちいて物事の価値を判断するようになります。ですので、貨幣のことを、みんなが同じ幻想を共有しているという意味で「共同幻想」と言ったり、みんなが日常的に同じ物語を共有しているという意味で、「大いなるフィクション」と評する人もいます。

●「リアルマネー」はリアルではない

ビットコイン、あるいはそれに類するものにたいして、「仮想通貨」という用語をことさらに当てるなら、暗黙に、どこかに「実通貨」があるということを示唆することになります。★「仮想通貨」という言葉を使う人たちの頭のなかでは、「実通貨」は、たとえば日本であれば、日本円のことを指すのでしょう。貨幣や通貨は、さきほど見たように、いずれにせよ心の作用なのですが、「仮想通貨」という用語を使いつづけることで、たとえば日本円は「実通貨」であり、「リアル」であるのだという、現代社会の物語を強化してしまう効果があることを私は危惧しています。

俗に円やドル、ユーロなどのことを「リアルマネー」と呼ぶときがありますが、貨幣がそもそも心の作用であるなら、リアルマネーがビットコインにたいしてとくにリアルだということはないのです。

★　コンピュータになじみのある人なら、「仮想メモリ」と「実メモリ」の関係だと思えばよいでしょう。

「貨幣」はどのようにして生まれるか

●なぜ貨幣は使えるのか

ビットコインが中央銀行や政府によらずに貨幣を生みだすためのしくみは、じつのところ、その本質的な部分では、中央銀行や政府によるおこないと変わりがありません。それは「これは貨幣として使用できる」という、人々に共通の信念を創りだすということです。

ここで、「なぜ貨幣は使えるのか？」という素朴な疑問について、あらためて考えてみましょう。

AさんからBさんに、たとえば千円札、あるいは0・015BTCといった貨幣を渡すことで、AさんがBさんから何かを買えるのは、なぜでしょうか。それは、貨幣を受け取るBさんが、受け取ったあとに、その貨幣を他人、たとえばCさんにたいして使えると信じているからです。その信念がなければ、BさんにはAさんから貨幣を受け取る理由がありません。

つまり、貨幣でモノが買えるのは、将来においてその貨幣でモノが買えると信じられているからであり、結局のところ、貨幣が使えるのは、**みんながそれを貨幣であると信じているから**なのです。

このような言い方は、貨幣の本質を突いていると思うのですが、政府が担保する法定貨幣（日本では円）にたいしてはそのまま適用できないと考える人もいます。法定貨幣は、政府の徴税能力により担保されているから、そのものに価値がある、というような考え方なのでしょう。しかし、考えてみれば、私たちが納める税金もまた、法定貨幣で納めるわけですから、法定貨幣の後ろ盾は法定貨幣、ということになり、なんだか同語反復していますよね。

［図13］で面白いのは、貨幣を受け取るBさんが、貨幣をくれるAさんを信用するかどうかは問われないのに、未来のある時点で、次に貨幣を受け取ってくれるだれか知らない人のことは、Bさんは暗黙に信用しているということです。目の前の相手ではなく、未来の見知らぬ取引相手のことを信じているから、貨幣は受け取られるのです。それってちょっと変だと思いませんか。

●なんだって貨幣になれる

貨幣が貨幣であるためには、「みんなからそれが貨幣であると信じられる」という、さきに書いた以上の条件はありません。逆に、その条件が満たされるなら、なんであれ、貨幣になることができます。

ビットコインが、偽造を難しくしている技術のうえに成り立っていることを取りあげて、「カレンダーに透かしが入っていたら、カレンダーを貨幣として使えるのか？」と疑問を呈した人がいるとい

［図 13］ なぜ貨幣は使えるのか

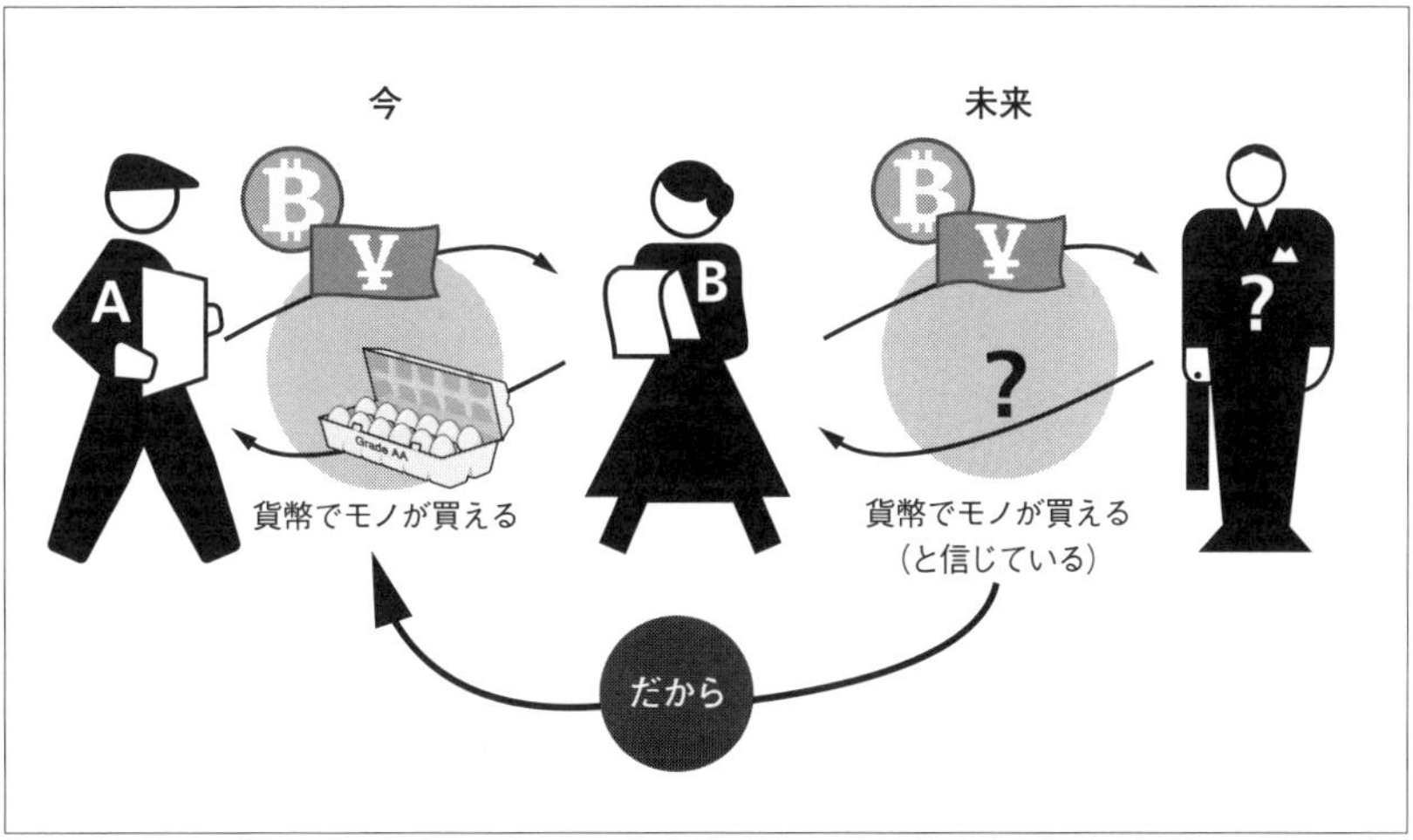

います。その人の答えは「否」でしょう。ですが、もちろん、カレンダーも貨幣にできます。透かしが入っている必要さえありません。みんながそれを貨幣だと信じればよいだけなのです。

　もう少し突っ込んで言えば、貨幣が希少であるかどうかも関係ありません。

●巨石が貨幣になるしくみ

　希少性と貨幣について考えるうえで面白い例として、ミクロネシア連邦のヤップ島で使われていた石貨（石の貨幣）があります。

　この石貨は大理石で、ヤップ島では産出されません。約500キロメートル離れたパラオで石を採掘し、石斧で何か月もかけて加工し、いかだで持ち帰ってきたといいます。だったら希少ではないか、というと、数が少ないこと自体に価値があるのではなく、大事な

［図14］ヤップ島の石貨

のはむしろ、大変な思いをして運ばれてきたという「物語」なのです。ですので、ひとつずつ価値が異なります。もし、希少性が大事だとして、それぞれの石貨がユニーク（唯一のもの）なのだとしたら、どれも価値は同じであるはずです。しかし、そうなってはいないのです。

じつは、この石貨のしくみとビットコインのしくみには、多くの共通点があります。同時に、どうしても埋められない溝もあります。そのことについては、「しくみ編」（86ページ）でくわしく述べます。

国や銀行以外が貨幣を発行していいの？

●いいんです

国や銀行がもっぱら貨幣を発行するという体制ができたのは、むしろ最近のことです。それ以前には、日本でも江戸時代には各藩が発行する藩札というものがあったり、金や銀や、米、その為替など、さまざまなものが決済の方法として使われていました。

現在でも、たとえば手形や小切手は、企業などが発行する貨幣だともいえ、決済の方法としてもちいることができますし、郵便切手も日本郵便株式会社という企業が発行し、通販などで支払いの方法としてもちいられることがあります。

そのほかの例には、地域通貨があります。地域通貨は、地域の経済のために地域で独自に発行される貨幣です。

貨幣は、だれかが制度としてつくったというよりも、もともと、私たちの生活のなかで交換を成り立たせるために、自然発生的に生まれたものだと考えられます。その意味では、私たちの生活のなかでコミュニケーションを成り立たせるために、自然発生的に生まれた「言葉」と似ています。

新しい状況のなかで、新しい言葉がつくられていくように、状況に応じて新しい貨幣がつくられていくことは、人間の自然な営みなのでしょう。

●ビットコインは地域通貨みたいなものか→違います

地域通貨は、コミュニティのなかで助けあいのために使われることが前提です。一方、ビットコインには、その開発・維持や普及のためのビットコイン・コミュニティはありますが、BTCが決済の方法として使われるコミュニティという概念はありません。開発コミュニティや《マイニングプール》というかたち以外では、人々が協力し、たがいを認めあう仲間たち、という考えはなく、また、そうした考え方が、たがいに競争相手でもある《マイニングプール》にたいして適用できるかも微妙です。BTCは、あくまでグローバルに使える現金のようなものなのです。

地域通貨が特徴的なのは、それを使うことで社会に新たな競争や区別を導入しないという考え方でつくられているということです。仲間としてともに地域で生活していける環境をつくっていくためですから、当然です。一方、ビットコインにはその中核に競争の考え方があります。

もちろん、ビットコインも地域通貨も、法定貨幣とは別の選択肢である、という意味では共通しています。

イギリスでは、ビットコインが注目されることにより、地域通貨にもあらためて目が向けられ、ふたたび活発になりつつあります。しかし、ビットコインのようなものと同一視され、同じ規制の対象となるなど、ネガティブな影響への懸念もあるようです［資料17］。

ロシアは以前から法定貨幣以外を貨幣として認めていないわけですが、そのように、政治的判断で地域通貨が使えなくなるとしたら、人々から大事な自由を奪うことになりかねません。

交換の媒体が希少すぎて経済が停滞するときに、人々が知恵を使って問題を回避することを政治が止めるとしたら、とても危険なことだと思います。

ビットコインでは、なぜ発行量を決めているのか

●インフレ撲滅への強い意思

ビットコイン・コミュニティでは、インフレが悪いことだと考えられている節があります。インフレは、貨幣の供給量が増えすぎる状態だといえ、ほかの商品にたいして、貨幣が相対的に価値を下げます。すると、物価が上がることになります。

このことに疑問を感じた開発者たちは、ＢＴＣの発行量の上限を合計で約２１００万ＢＴＣと決め、かつ、供給量がしだいに減るようにして、インフレを牽制しているのだと思います。

でもインフレって悪いこと？

商品にたいして貨幣の価値が相対的に下がることは、なぜよくないのでしょうか。

たしかに、貨幣を持っている人たちにとっては重大な問題でしょう。みずからの資産が目減りしていくことを意味しているからです。では、貨幣をあまり持っていない人たちにとってはどうでしょうか。物価が上がるのは問題かもしれませんが、それにより賃金が上がるのであれば、相対的にはあまり変化がないかもしれません。

ここからわかるのは、あくまで物価の上昇に応じて賃金も上がるという前提に立ったらの話ですが、インフレは、貧者よりも、富める者たちにとっての脅威だということです。

逆に、デフレ状態では、商品にたいして貨幣の価値が相対的に上がります。これは富める者たちにとっては資産が自動的に増えることを意味します。

ビットコインでは、デフレが起きるような設計がされていますが、うがった見方をすると、富める者たちがそれを利用してさらに儲《もう》けようとしている、ともいえるかもしれません。

貧者にとっては、インフレでもデフレでも、あまり関係ないのかもしれません。貨幣の価値が上がろうが下がろうが、そもそもたいして持っていないからです。そして、貧富の差が拡大している現在、人口のほとんどは貧者だともいえるのです。

●貨幣はすべての商品の王さま→その王さまはハダカだ

貨幣が心の作用だということを説明するために、さきほど百円玉と1個のトマトの例を出しました。この例では、1個のトマトは百円ですから、百円玉とトマト、どちらを持っていても百円分の価値を持っていることになります。

しかし、百円玉が、その翌日も、次の日も、1か月経っても、百円の価値を維持しているのに比べて、トマトは日に日に悪くなっていき、価値を失っていきます。ということは、同じ価値を保有するのであれば、貨幣のかたちで持っておいたほうが得だということになります。このことにより、貨幣は、すべての商品の王さまのような位置を占めることになり、だれもがそれをほしがり、それを持つ者が権力をふるうという構造が生まれます。ほんとうは、貨幣は幻想にすぎないのにです。

権力なんか生まれないほうがよい、とあなたが思うなら、貨幣をその絶対的な地位から引きずりおろす必要があります。そのためには、貨幣も時間を経ることにより劣化し価値を下げていくように設計するのが、ひとつの方法です。そうした考え方や、そのための具体的な方法は、たとえば、経済学者シルヴィオ・ゲゼルによる「自然的経済秩序」という書物で紹介されています。

ビットコインの設計では、デフレが貨幣のしくみに組み込まれていて、もし開発者の思惑どおりに進展していくなら、自動的に貨幣が価値を上げていきます。それは、権力を生まないような貨幣の設計とは、まったく逆方向を向いている考え方です。貨幣で人々を支配したいと考えている人にとっては、夢のような技術だといえるでしょう。

85人＝35億人?!「貨幣」自体の構造的欠陥

●貨幣が生みだす強烈な格差

だれもがほしがる貨幣を、あらかじめ多く持っていた人は、ほしがる人たちにたいして貸しだすことができます。このとき、利子をつけて、増やして返してもらいます。すると、よけいに貨幣が集まっていくことになります。その巨大な資産を資本として、大きなビジネスを展開し、さらに収益を上げていくこともできます。貨幣は、もともとそれを多く持っている人のところに集中していく傾向があります。

さきごろ、国際NGOの調査により、世界の上位85人の持つ資産が、下半分の35億人分を合わせたものと同等であるという驚くべき結果が出ました［資料18］。

世の中には、自分はほかの人より能力が高いから、より多くのお金を稼いで当然だと考えている人たちがいます。それでは、35億人分を合わせたものと同じ資産を持っているという85人は、それぞれが平均して約4千万人分の能力を兼ね備えているのでしょうか。

胸を張ってそう言ってしまう人もいるかもしれませんが、一人ひとりを見れば、たんなる人間です。スーパーマンではなく、同じように物理的な制約のなかで生きている人間なのです。

この差は、むしろ、たんなるゲームの勝敗のようなものだと考えたほうがよいでしょう。そのゲームはくりかえしプレイされるのですが、つねに前回の勝者に有利になるようにデザインされているのです。

●貨幣のグローバルな流動性はどこに何を運ぶ？

米国ニューヨーク州の地域通貨イサカ・アワーズの創始者であるポール・グローバー氏は、かつてインタビューに答え、「……連邦（訳注―アメリカ合衆国のこと）のドルは街にやってきて何回か人々と握手したかと思うと、この地域を離れ、熱帯雨林から伐採した木材を買ったり、戦争を戦うために使われていく」と述べました［資料19］。

グローバルに流通するＢＴＣは、この点においてドルと同じようにふるまうでしょう。

私たちは、いまでさえ、国際的な競争にさらされています。競争に負けると、地域の貴重な資産や資源がそこから流出していきます。貨幣の流れだけを見て、多くの貨幣を得られたので競争に勝った、と思えても、実際にはそれが地域の重要な資源と引き換えだったというケースもあるでしょう。いずれにせよ、私たちの生活の現場である地域は苦境に立たされます。国家の垣根を越えて流通するしくみをもつビットコインが今後普及していけば、その傾向をより強化していくと考えられます。

その傾向を止めること、あるいは反転させることはできないのでしょうか。

貨幣が希少で、かつ、貨幣がなければ何もできない世の中に生きていると、私たちは、どうにかしてそれを手に入れなければならなくなります。そして、貨幣を持っている人の言うことを聞くようになります。それは、自分が支配される立場におかれることを意味しますが、人々は、自分もいつか大量の貨幣を手に入れられるという期待をもって、そのしくみに入っていきますので、自分から進んで被支配者としての道を歩んでいるようなものなのです。これは、出発点である「貨幣が希少であるということ」自体が問題なのだと考えることができます。

そうすると、希少性をことさらに演出しようとしているビットコインの設計の問題点が見えてきます。

貨幣は「信用」をどこまで表現しているか

●貨幣は信用の代替物

希少ではない貨幣などというものは、実現できるのでしょうか。私はできると思っていますが、そのことを考えていくためには、あらためてもう一度、貨幣とは何かを考える必要があります。

結論から言うと、**貨幣は、信用や信頼感にあふれるリッチな人間関係の代替物**だと考えられます。そのことを確かめるためには、貨幣がない世界で、貨幣があるのと同じようなことを実現しようとしたら、どうすればよいかを考えるとよいでしょう。

貨幣があると、それでモノやサービスを買うことができて、モノやサービスが、それらを必要としている人々のところに届きます。そのことを貨幣抜きでやろうとしたら、モノやサービスを必要としている人々のところに、それらを提供できる人々が、自発的に届けにいくことになります。それは人々がたがいを信頼して助けあう、リッチな人間関係のある世界です。

したがって、私たちが知る貨幣は、人々がたがいを助けるような世界を、人々のあいだの信用を形成することなしに実現するためのツールであるということがいえます。

ここまでを読んで、リッチな人間関係がある世界というのは、逆に、人間関係によって貨幣の不在を補っているのではないかと考える人がいるかもしれません。しかし、貨幣ではなく、人間関係のほうがさきにあったことは自明だと思います。私たちは歴史的に、貨幣のない時代を経験しているからです。

それは、人類全体の歴史を考えてもそうですし、一人ひとりのパーソナルな歴史を見てもあきらかです。

●信用の氷山モデル

私たち人間は、生まれてくると、まず最初に、貨幣のない世界で生活をはじめます。それは、家族、あるいはそれに類するようなコミュニティです。

[図15]は、「信用の氷山モデル」と呼ばれる図です。この図では、貨幣をあつかう取引は、広い意味での人間の経

[図 15] 信用の氷山モデル

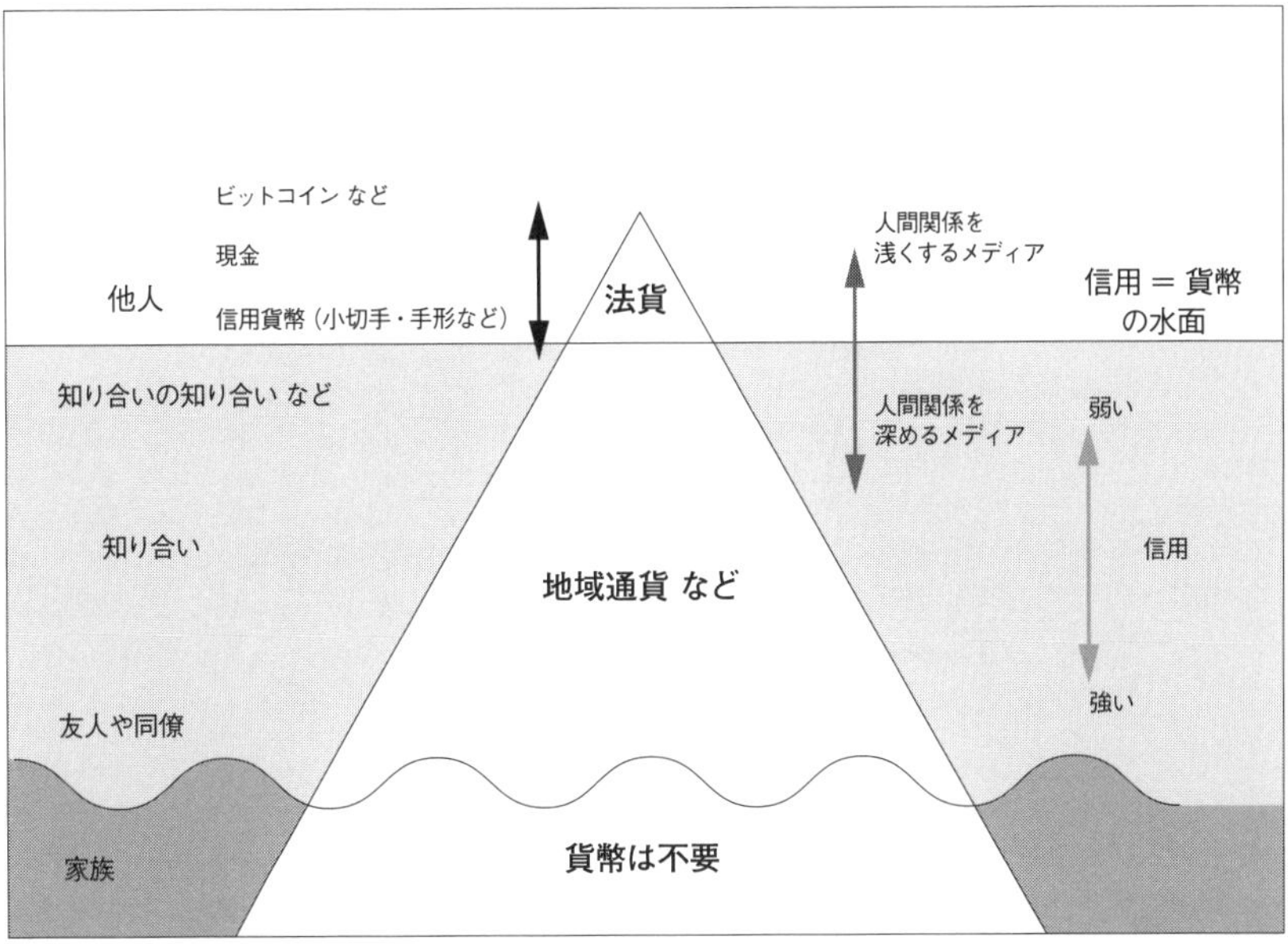

済活動のうち、氷山の一角にすぎず、水面下には広大な信用の世界が広がっています。

そのいちばん深いところにあるのが家族です。私たちはみんな、そこからやって来ました。それと接するように、親しい友人たちとの世界があり、それより浅いところには、あまり親しくない友人や知りあいとの関係が織りなす世界が広がっています。地域通貨は、そんな世界のなかで信用を深めていくために役立つツールです。

そして「信用＝貨幣」の水面の上では、信用の対象は、人ではなく、むしろ貨幣になります。ビットコインは、「（人と社会への）信用ではなく、暗号学的な証明に基づく支払いシステムをつくる」という設計思想をもっていますから、その傾向がもっとも強い種類の貨幣です。

しかし、これでは逆に、貨幣経済の世界を小さく描きすぎているのではないかと疑問を抱く人もいるかもしれません。ほんとうに、信用の世界は、この図が描くように、貨幣経済の世界よりもずっと広いのでしょうか。

私は、最近、よくこんな話をします。電車に乗ると、たまに、その鉄道会社の従業員が制服を着て乗っているのを見かけることがあります。仕事上の移動のために、自分の会社の電車を使っているのでしょう。さて、その人たちは電車賃を払っているでしょうか。払うようなしくみにもできると思いますが、おそらく払っていないと私は思います。それは、鉄道会社にとって、その人たちは、いっしょにその鉄道を走らせている仲間だからです。

人々が、仲間をつくって、いっしょに何かを成しとげようとするとき、その仲間たちのあいだでは、貨幣のやりとりはふつうは発生しません。発生するとしたら、ずいぶん水くさい感じになるでしょう。

みなさんも、一日のなかで、自分が貨幣で支払う立場にある局面がどのくらいの割合を占めるか、思い出してみてください。私たちの多くは、仕事と生活のほとんどの時間を「信用＝貨幣」の水面の下で過ごしているのです。

それでは、「信用＝貨幣」の水面よりも上の世界のツールである、現金やＢＴＣは、悪いものなのでしょうか。私は、それも必要なものだと思います。人には、人間関係が断ち切られている状態でも、経済活動をしたい局面があります。現金やＢＴＣは、そのためのツールとして役立ちますし、もっとよいのは、「投資」のためにそうした貨幣を使うことです。

「投資」を広い意味でとらえれば、長らく価値を生みだしつづけるものに、みずからの資産を投じることだと思います。自分にとって、いちばん長く続く存在はなんでしょうか。それは、自分自身であり、自分と周囲との関係です。そして、自分の寿命を超えて生きていく、この星を継ぐこどもたちです。

どうせ貨幣を使うなら、新たな信用の海に飛び込むために使うこと。それこそが投資となり、自分にとって、長らく価値を生みつづけることになります。

そのために具体的にできることは、「贈与」です。自分のためではなく、ほかの人のために貨幣を使うことが、結局は自分と、自分がおかれる新たな人間関係の世界への投資となるのです。

おわりに

この本を書きながら、ずっと念じていた言葉があります。
「いつも心に中学生を」という言葉です。
「義務教育を終えつつある中学生たちに伝わるように書けば、広く伝わるはずだ」という意味をもつこの言葉を、私がはじめて聴いたのは、原子力規制庁の広報官である福井さんからでした。この本を書くうえで大変にお世話になった太郎次郎社エディタスの須田さんからも、同じ意味のことを言われました。

福井さんには、心に留めている具体的な中学生がいるそうですが、私にもいます。

２０１１年3月11日の東日本大震災以来、私はたくさんの中学生たちと知りあう機会を得ました。東電福島第一原発事故で大きな影響を受けた、福島県に住むこどもたちです。

私はいま、一般社団法人アカデミーキャンプの代表理事として、主として福島のこどもたちを対象とした「アカデミーキャンプ」を運営しています。「アカデミー」という言葉がついているのは、せっかく大学人である自分がかかわるので、「遊び」と「学び」が融合したキャンプを、という思いからです。大学人だけでなく、さまざまな専門をもつプロフェッショナルたちや、大学生たち、そして福島に住むこどもたちのご家族の方々もかかわってくれ、毎回、素晴らしいキャンプが実現できています。

このキャンプの様子は、昨年末、ＮＨＫ-Ｅテレの番組「東北発★未来塾」のコーナー「未来への の芽」でもとりあげられました。そのとき、ＢＧＭとしてチャリティーソング「花は咲く」のインストゥルメンタルが使われていましたが、私は、この曲自体はよく耳にしていたものの、その後、「紅白歌合戦」で歌われているのを観るまで、その歌詞を意識したことがありませんでした。大晦日の夜、やっと知ることになったその歌詞とは、「いつか生まれる君に」「わたしは何を残しただろう」というものでした。

この本は、アカデミーキャンプに来てくれている、福島の中学生のみんなを心に思い浮かべながら書きました。彼ら・彼女らが大きくなったときのために、そして、これから生まれてくるこどもたちのために、私たちはどんな社会を残せるのでしょうか。

貧困、格差、自然と生活の破壊など、貨幣はさまざまな問題を生んでいます。「貨幣のかたちを３６０度変える」ビットコインは、そうした貨幣の問題を解決するものではないと私は思っています。

ですが、ビットコインが世に出て、さまざまな問題とぶつかりながらも、法定貨幣とは別の選択肢として使われていく様子を人々が見て、「新しい可能性を試してもいいんだ」という理解が浸透すれば、貨幣は、そして経済社会は、これから変わっていけるのかもしれません。

この本が、そんなことを考えるきっかけになったらとても嬉しいです。

２０１４年３月吉日

斉藤 賢爾

アカデミーキャンプ

http://academy-camp.org/

世界を変える力を、こどもたちに。

アカデミーキャンプ on メディカル「医療× ICT」から（2013 年 9 月）

もしあまったBTCがありましたら、
「一般社団法人アカデミーキャンプ」に
ご寄付をいただけたら幸いです。

1MdHqvaNtjMnKsFeRfNJH3uAgbdGgx9VYD
一般社団法人アカデミーキャンプ
ご寄付受付用アドレス（この本の読者専用）

このしくみ編では、コンピュータシステムに興味のある読者のみなさんを対象に、ビットコインのしくみをできるだけわかりやすく解説してみます。専門用語が出てくる場合、そのつど説明していますので、気軽にお読みください。

基礎技術「ハッシュ値」

●大きなデータをあつかいやすくする工夫

ビットコインは「暗号通貨／暗号学的通貨」(crypto-currency)とも呼ばれ、暗号技術をもちいてつくられています。そのなかでも「ハッシュ値」、より正確には「暗号学的ハッシュ値」は基本的な概念であり、ビットコインの設計のなかに何度も違うかたちで現れてきます。ハッシュ値は、「ダイジェスト」と呼ばれることもあります。

「大相撲ダイジェスト」といえば、大相撲を全部観なくても勝敗を確認できるテレビ番組ですが、ハッシュ値は、大きなデータを全部調べなくても、全部正しくコピーできたかといったことが確認できるものです。

ハッシュ値を得るためには、「暗号学的ハッシュ関数」というものが使われ

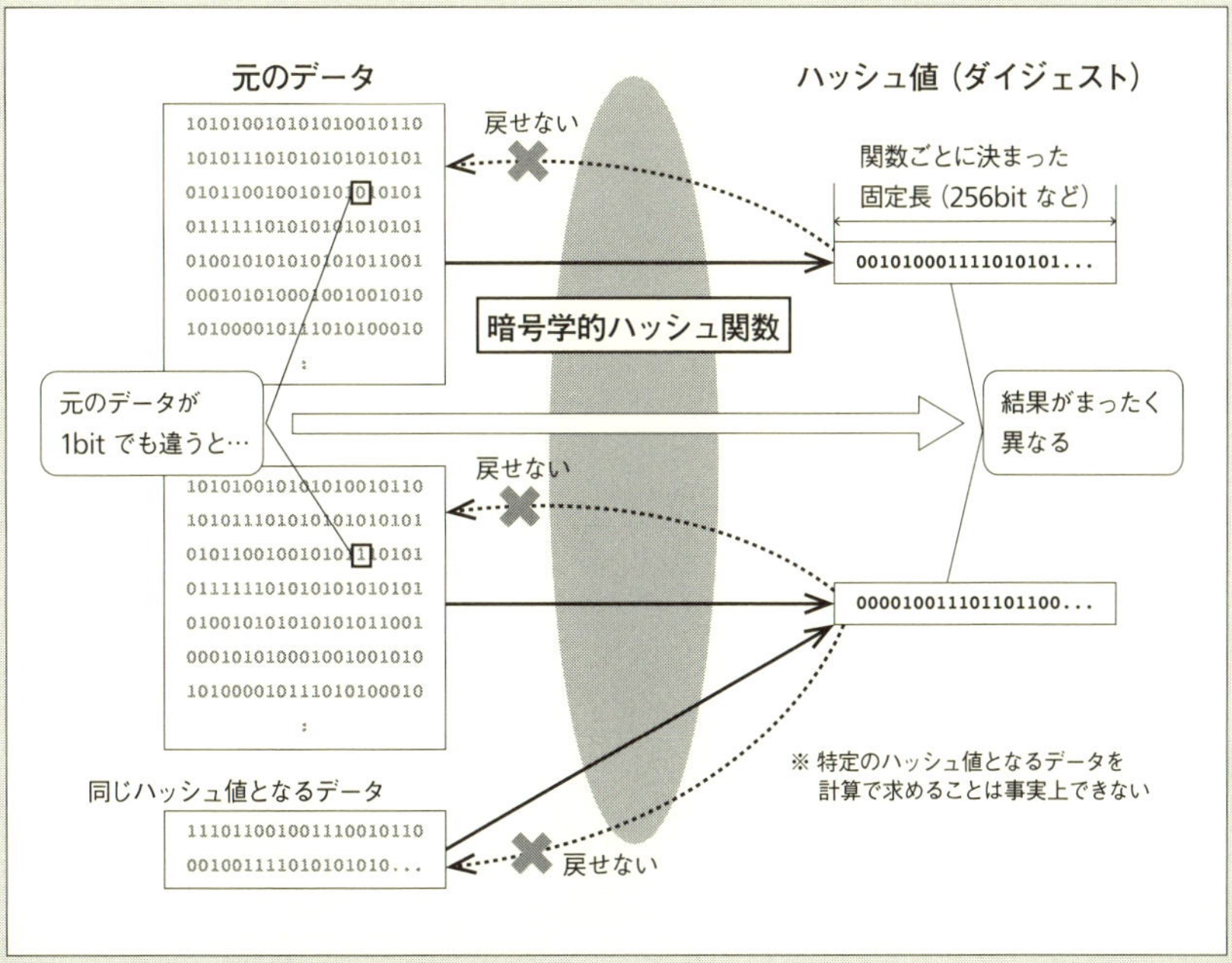

[図 16] ハッシュ値=ダイジェスト

ます。この関数は、大きなデータを小さな（全角文字に換算すると10〜16文字程度の）データに縮めます。ふつう、データを圧縮するというと、それを元に戻せるものですが、ハッシュ値の場合は、それが与えられても、元のデータとなる候補を現実的な時間内に計算で求めることはできないようになっています。

●ハッシュ関数とその種類

そのような特徴をもつ「暗号学的ハッシュ関数」は、たくさんつくられています。そのなかに、SHA（Secure Hash Algorithm; セキュア・ハッシュ・アルゴリズム）シリーズというものがあり、米国のNSA（国家安全保障局）により設計されています[★]。

いまでもよく使われているSHA-1は、160ビットの数字列をハッシュ値として出力します。

SHA-1よりも強力なSHA-2には、いくつかのバリエーションがありますが、そのなかのSHA-256は、256ビットの数字列をハッシュ値として出力します。よく、報道などで、ビットコインの《マイニング》では「複雑な計算式を解いている」と表現されることがありますが、その本体はこのアルゴリズムです。もともとの大きなデータをダイジェストしているだけで、何か高尚なことがおこなわれているわけではありません。また、ハッシュ関数は、できるだけ高速に、省メモリでハッシュ値が得られるように設計されるわけですから、その意味においては、とくに「複雑であるか」ということさえ微妙です。

デジタル署名とその使われ方

●デジタル署名とは何か

デジタル署名は、「公開鍵暗号系」の応用から生まれた技術です。本人が署名したことと、署名したのち改竄されていないことが証明できます。

公開鍵暗号系では、それぞれの利用者が「公開鍵」と「秘密鍵」の鍵ペアをもち、公開鍵は公開し、秘密鍵は隠しもっておきます。秘密鍵で暗号化したデータは、ペアとなる公開鍵でしか解読できません[★★]。

★　ビットコインもSHAを採用しているわけですが、政府からの自由を標榜しているシステムに、官製の技術をもちいているというのは、なんだか脇が甘い感じがします。

★★　公開鍵暗号系を、署名ではなく暗号化にもちいる場合には、逆に、相手の公開鍵で暗号化したデータが、ペアとなる秘密鍵でしか解読できない関係をもちいます。

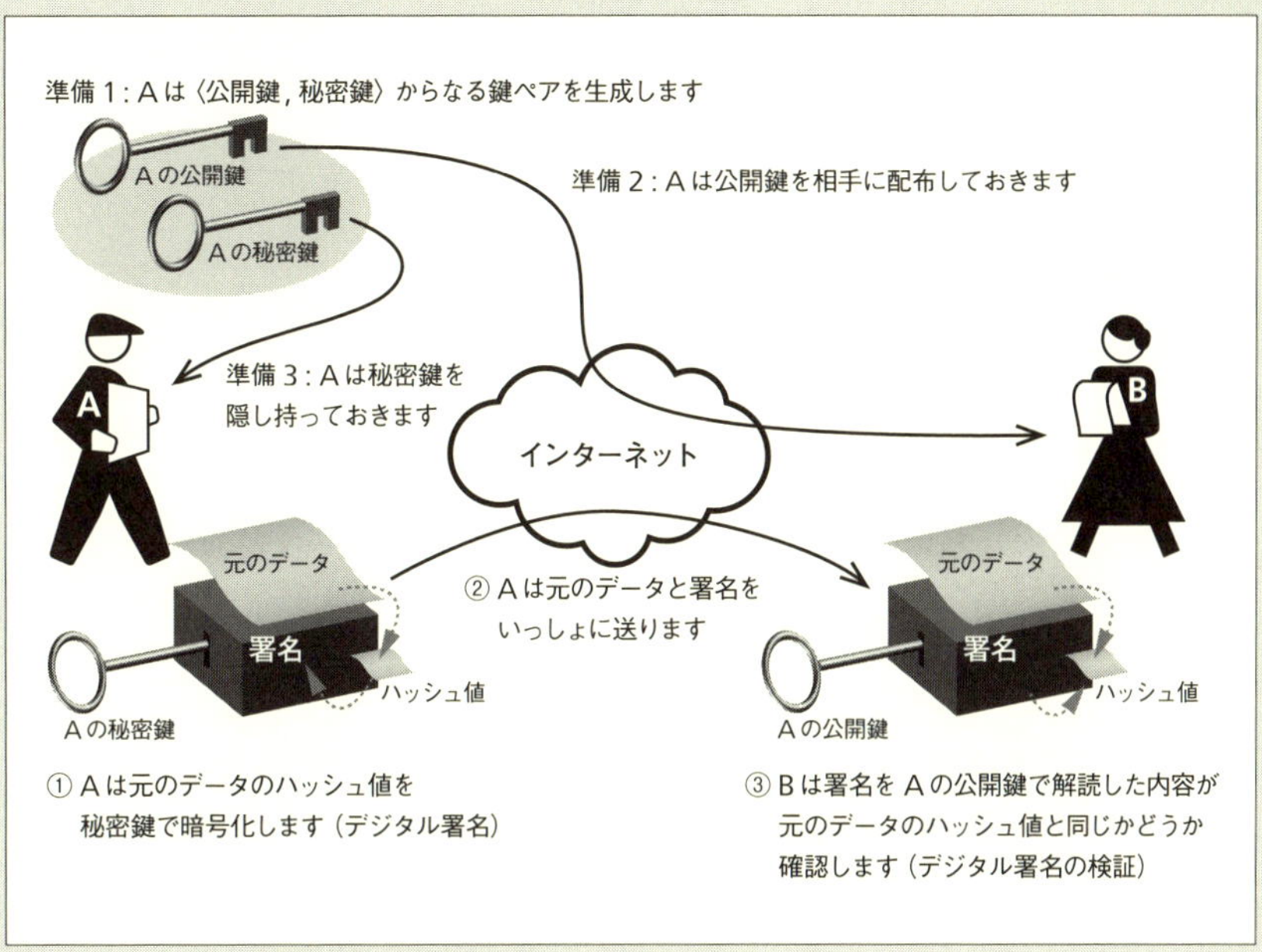
準備 1：A は〈公開鍵, 秘密鍵〉からなる鍵ペアを生成します
A の公開鍵
A の秘密鍵
準備 2：A は公開鍵を相手に配布しておきます
準備 3：A は秘密鍵を隠し持っておきます
A
インターネット
B
元のデータ
署名
ハッシュ値
A の秘密鍵
② A は元のデータと署名をいっしょに送ります
元のデータ
署名
ハッシュ値
A の公開鍵
① A は元のデータのハッシュ値を秘密鍵で暗号化します（デジタル署名）
③ B は署名を A の公開鍵で解読した内容が元のデータのハッシュ値と同じかどうか確認します（デジタル署名の検証）

［図 17］デジタル署名

［図17］に示したように、デジタル署名では、まず、署名したい内容のハッシュ値を求め、それを自分の秘密鍵を使って暗号化します。その結果として得られたものを「署名」と呼び、元の内容といっしょに相手に送ります。

受け取った側では、元のデータから同じようにハッシュ値を求めます。そしてそれが、送り手の公開鍵で署名を解読したものと一致するかどうかを確かめます。一致していれば、対応する秘密鍵を使えるのは送り手だけなはずですから、まちがいなく送り手が署名したものだとわかりますし、署名されたあと内容が改竄されていないことも確認できます。

インターネットを使って、オンラインで買い物をするときは、通信路が暗号化されますが、その際に安全に暗号鍵を送るために公開鍵暗号が使われています。そのとき使われる、公開鍵の正当性を保証する証明書にも、デジタル署名がもちいられています。

●BTC取引とデジタル署名

ビットコインでは、デジタル署名をつなげていくことによりBTCの取引を表現します。

コインの現在の所有者は、相手にコインを支払う際、現在のコイン（自分に宛てられたコインのデータ）と相手の公開鍵を合わせたデータにたいして暗号学的ハッシュ関数を適用し、自身の秘密鍵をもちいて署名を施します。[図18]は、単純化のために入力と出力がそれぞれひとつずつの取引を図に描いたものです。

コインを受け取った相手は、そのひとつ手前の取引における受け手の公開鍵をもちいて署名を（《マイナー》を介して）検証するとともに、ハッシュ値を再計算することで、コインが正当な所有者（すなわち、そのコインの直前の取引における受け手）から自分宛てに渡されたことを確かめます。

そのようなしくみですので、コインの所有者は公開鍵によって識別されます。BTCの送金にもちいられる《アドレス》とは、簡単に言うと、公開鍵のハッシュ値を元にした文字列です。その公開鍵が実際にはだれのものであるかを隠

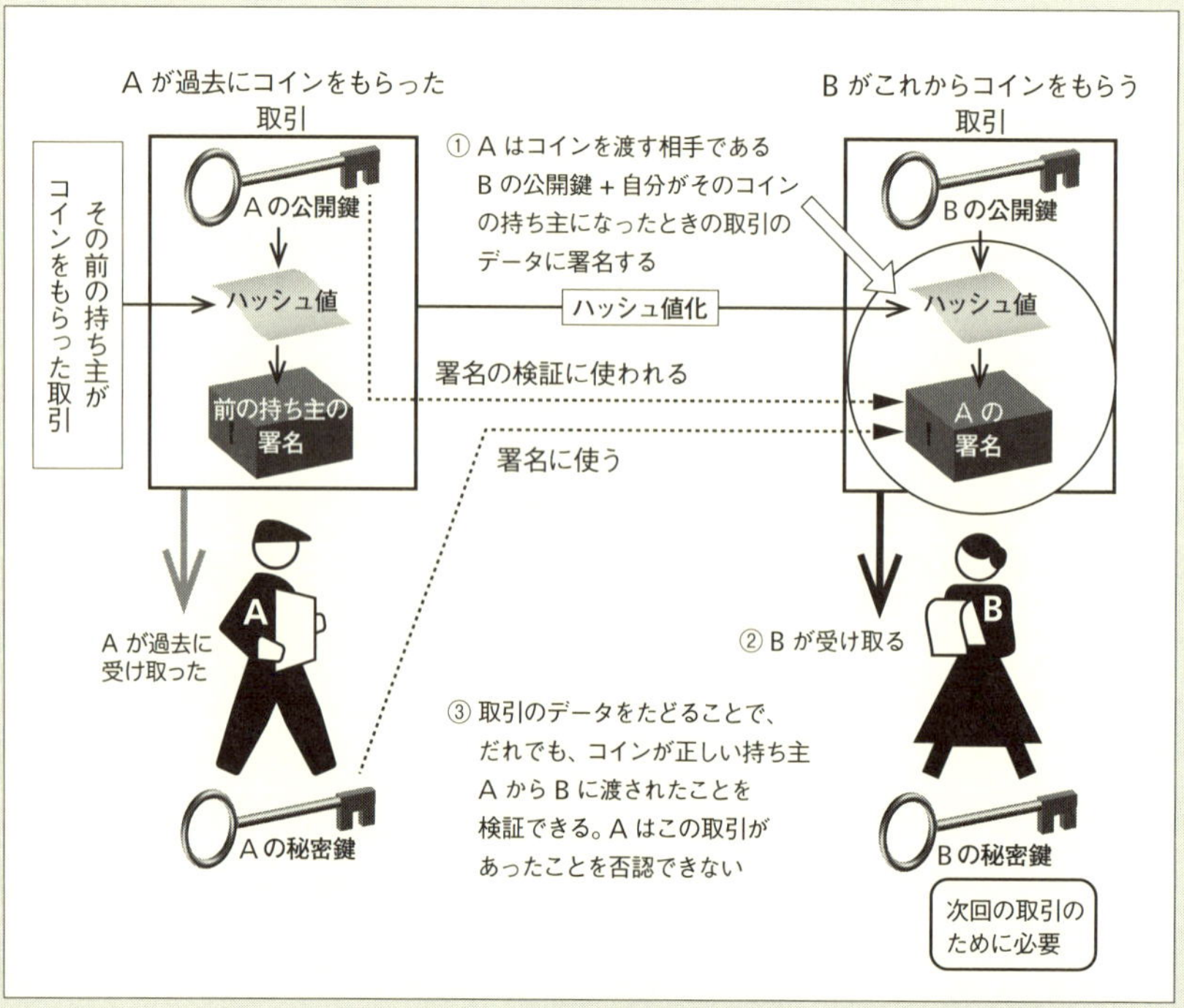

［図 18］ ビットコインにおける取引のデータ表現の概要

しとおすことができれば、ビットコインは匿名で使えることになります。
「使い方編」でも書いたように、ビットコインでは、取引の履歴をすべて、各所の《マイナー》で構成されるネットワーク内で共有しています。ビットコインのネットワークはオープンで、だれでも新しく参加してそのデータを取得でき、実際に、第三者が提供しているウェブサービスなどを使って閲覧できます。特定の公開鍵が、いつ、だれとのあいだで、何BTCをやりとりしたかということが、つねにあきらかとなります（ただし、相手についても公開鍵として識別されます）。このことは高い追跡可能性をもたらします。

一方で、ビットコインは権威や管理からの自由を指向しているため、匿名性に重きを置いています。この点で目的と設計に乖離が見られます。

●二重消費とは何か

デジタルデータを、ほんとうに貨幣のようにあつかえるようにするためには、所有の表現のほかに、もうひと工夫が必要です。それは、相手にコインを渡しても、手元にコインのデータのコピーを残しておいて、それを別の相手にたいして使うような利用者がいたらどうするか、という「二重消費（double spending）」問題への対策です。

署名のチェインで表現されたコインを考えると、［図19］に示したように、

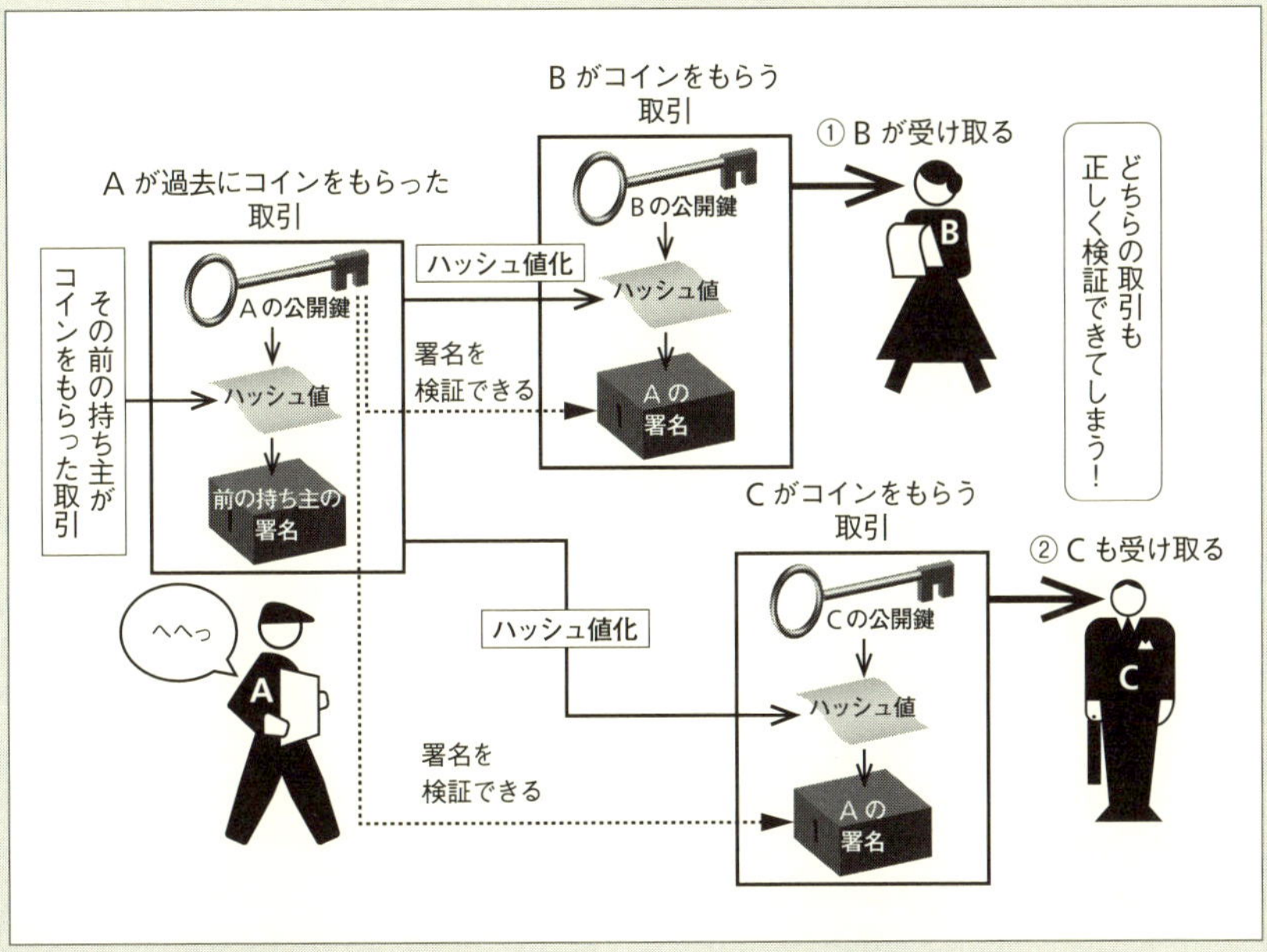

［図 19］二重消費が起きると……

二重消費は、取引の履歴が分岐することに相当します。分岐した場合でも、ハッシュ値や署名は正しく計算でき、不正な取引が正しいと検証されてしまうため、別途、機構が必要となるのです。

この二重消費の問題は、じつは、電子的な貨幣を設計するときにはつきもので、ありふれた課題です。ですが、ビットコインではその対策として、かなり特殊なことをしているように見えます。

●ブロックチェインに〝正しい取引〟を埋めこむ

ビットコインでは、全世界でのすべてのBTCによる取引の順序が一意に定まるように、ビットコインのネットワークのなかで合意形成し、二重消費を監視することにしています。

これは、単純に考えて、目的のための手段としては、やりすぎです。

ユーザがBTCの送金を指示すると、その取引のデータはネットワーク内にブロードキャストされます。ブロードキャストとは、この場合、バケツリレーのようにして、各自がつながっているさきに複製していきながら、全参加者に向けて伝えていくことです。ネットワークに参加する《マイナー》たちは、受信した複数の取引をまとめてデータの《ブロック》に格納し、《ブロック》を時系列に並べていきます。このデータ構造を《ブロックチェイン》と呼び、全世界で唯一のものをネットワーク内で維持します［図20］。

すなわち、ネットワークに参加するすべてのコンピュータが、同じ《ブロックチェイン》（の一部）のコピーを持ちます。《ブロックチェイン》内の取引はネットワークにより「承認」されていると見なされ、二重消費の場合などのよ

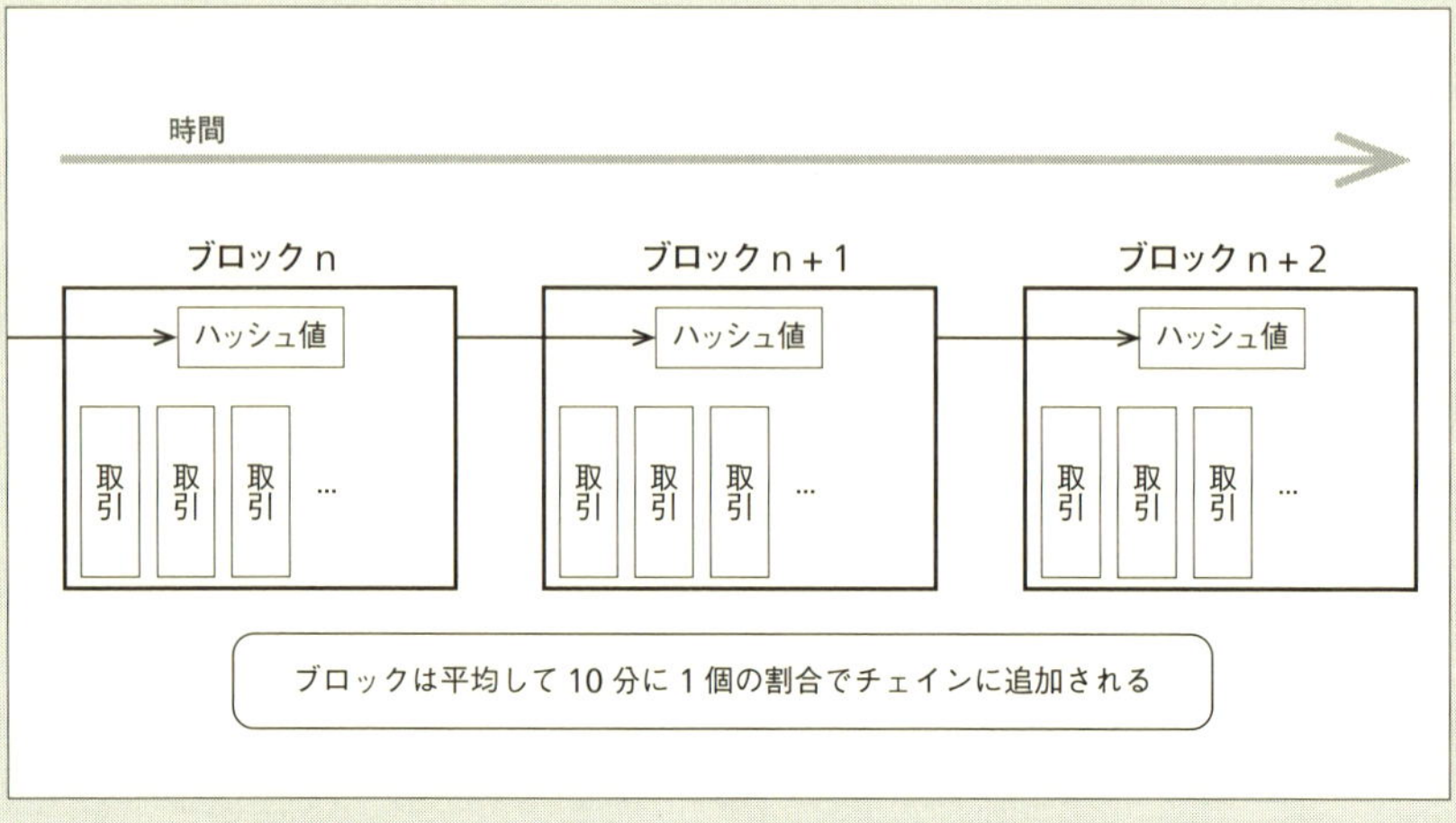

［図 20］二重消費が起きないように……《ブロックチェイン》

うに、それらに照らして正しくない取引は拒否されます。

《ブロック》の最大の大きさは、現在、1MBです。《ブロックチェイン》全体の大きさは、これを書いている2014年3月現在、約15GBですが、この本が出版されるころには、おそらく16GBを突破しているでしょう。大きいようでいて、一般のパソコンであつかえる範囲です。

《ブロックチェイン》のなかで、古くなり不要になったデータは捨ててもよいように、データ構造が工夫されています。

《マイニング》は何を保証するしくみ?

●《マイニング》の正体は「くじ引き」

ビットコインでは、一度承認された取引が改竄されることを困難にするため、《ブロックチェイン》への《ブロック》の追加にコストを設けています。具体的には、《ブロック》は数学的な方法でいわば《採掘》されなければならないことになっており、そこに大きな計算パワーが必要になるのです。それが、《マイニング》と呼ばれる競争的なプロセスです。

《マイニング》に参加するコンピュータは、それぞれが作成中の《ブロック》に、収集した複数の取引のデータと、チェインの現在の末尾の《ブロック》の

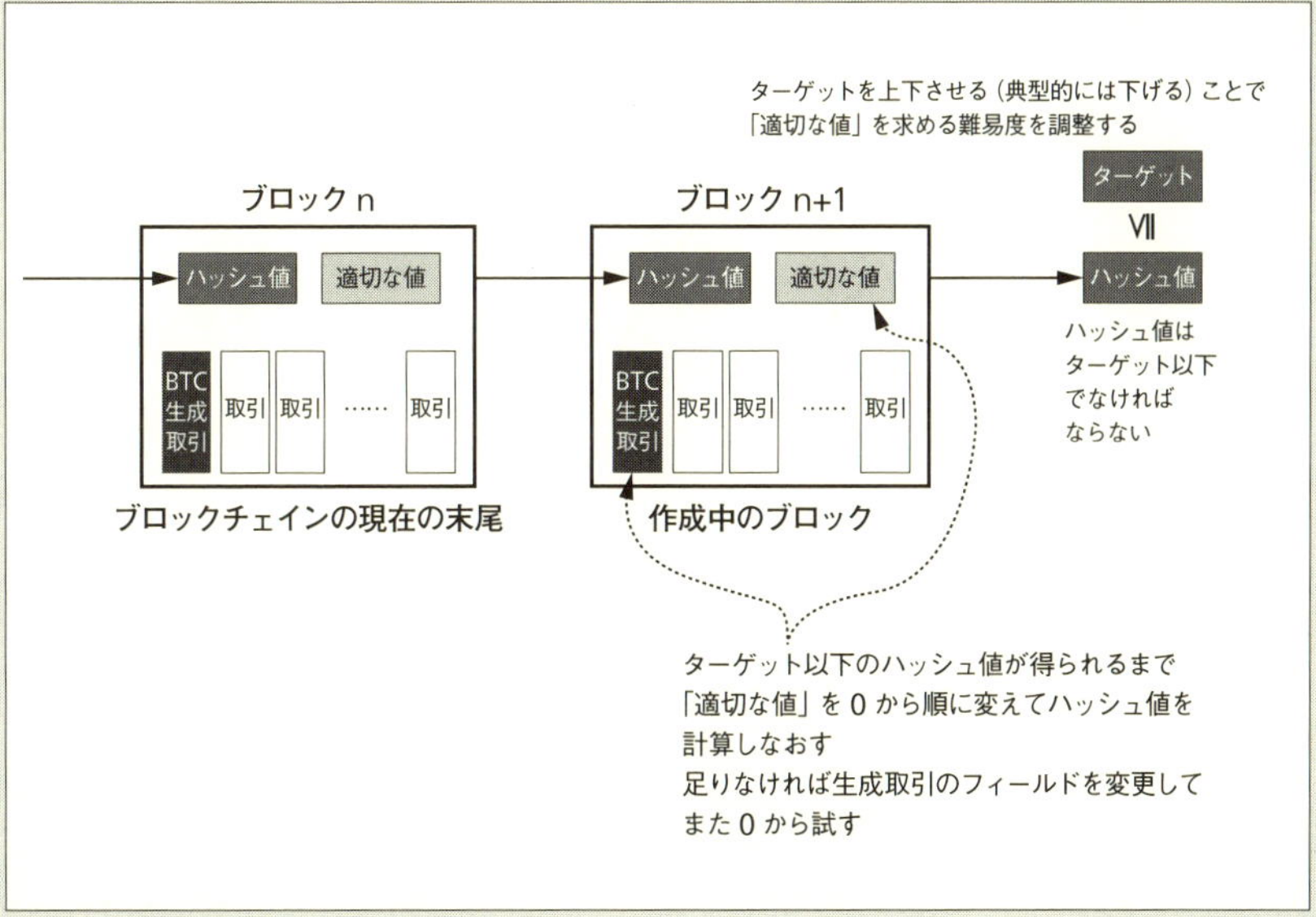

［図21］《マイニング》の正体

ハッシュ値（256bit）を格納します。そして、作成中の《ブロック》にたいして同様に暗号学的ハッシュ関数（SHA-256）を適用した場合のハッシュ値が、あらかじめネットワーク内で合意されている《ターゲット》★以下になるケースが得られるまで、［図21］のなかの「適切な値」（32bit）を0から順にひとつずつ増やしながら試していきます★★。

正しい「適切な値」が見つかったら、チェインの末尾に追加されるべき新しい《ブロック》としてブロードキャストします。

ほかのコンピュータは、到着した《ブロック》が正しくつくられているかを検証し、正しければ、チェインの新しい末尾として承認します。すなわち、その新しい末尾につなげるかたちで、新しい《ブロック》の《マイニング》を進めます。

報道でいわれているように「複雑な計算」などというと、何かすごいことをやっているように錯覚するかもしれませんが、この操作をもっとも簡易に表すとしたら「くじ引き」です。偶然あたる確率を調整しながら、現在では、1秒に何百億回というペースで、それぞれの《マイナー》がくじを引いているようなものなのです。

●《マイニング》は何を難しくするか

《ターゲット》を小さくすると、正しい「適切な値」が見つかるまでの時間が長くなりますが、このことにより、参加するコンピュータ群の計算パワーが変化（典型的には増大）しても、新たな《ブロック》がつくられるまでの時間が一定（10分）になるようにネットワーク全体で調整します。

調整は2016個の《ブロック》が生成されるごとにおこなわれます。これは、調整が完璧であれば2週間ちょうどの間隔になります。これに、取引のデータが《マイナー》に到着してから次の《ブロック》の計算にとりかかるまでの時間が加わりますから、ビットコインの取引が最初に承認されるには、平均して約10～15分の時間がかかることになります。

ビットコインにはネットワーク全体を管理するしくみは入っていないため、以上のことは競争的かつ協調的なプロセスとして自律的に進行します。そのため、別々の《ブロック》が同時にブロードキャストされたり、ブロードキャス

★　サトシ・ナカモトによる元の設計文書では、求めるハッシュ値と《ターゲット》の関係は、先頭の何ビットまでが連続する"0"か、というかたちで表されています。

★★　まんべんなく試せれば、どんな順序でもよいのですが、0から順に増やすか、あるいは逆順に0になるまで減らしていくのが、もっとも高速に試せる方法です。《ブロック》の内容は、かならず《マイナー》ごとに異なりますので、順序を工夫しても優位に立てません。

トされた取引や《ブロック》が通信の障害や遅延などの理由でネットワークの一部に届かなかったり、到着の順序が前後したりすることで、チェインが分岐する場合も出てきます。その場合、つねに最長のチェイン★が採用されることになっており、《ブロック》が再計算され、あらためて最長のチェインの末尾に追加されていくことで、いずれ問題は収束するとされています。

さて、悪意のある利用者が、二重消費が検出されることを防ぎたいなどの理由で取引を偽造したいなら、承認済みの取引の内容を改竄しなければなりません。そのためには、たんに取引のデータを変更するだけではなく、その取引をふくむ《ブロック》の《マイニング》の手続きをやりなおさなければなりません。《ブロック》の内容の変更は、そのハッシュ値が変わることを意味するので、その《ブロック》がチェインの末尾にないとしたら、チェイン上でその《ブロック》に続く以降の《ブロック》列を、末尾まで《マイニング》しなおさなければならなくなります。そのことは、《ブロックチェイン》が伸張するにつれ困難になります［図22］。

《ブロックチェイン》が健全に保たれるかどうかは、したがって、チェインが正しく伸張していけるかどうかにかかっています。サトシ・ナカモトによる元の設計文書では、善意（システムを健全に保とうとする意思）の計算パワーが、悪意（システムを破壊しようとする意思）の計算パワーを上回っているかぎり、システムの健全性は維持されるとしています。

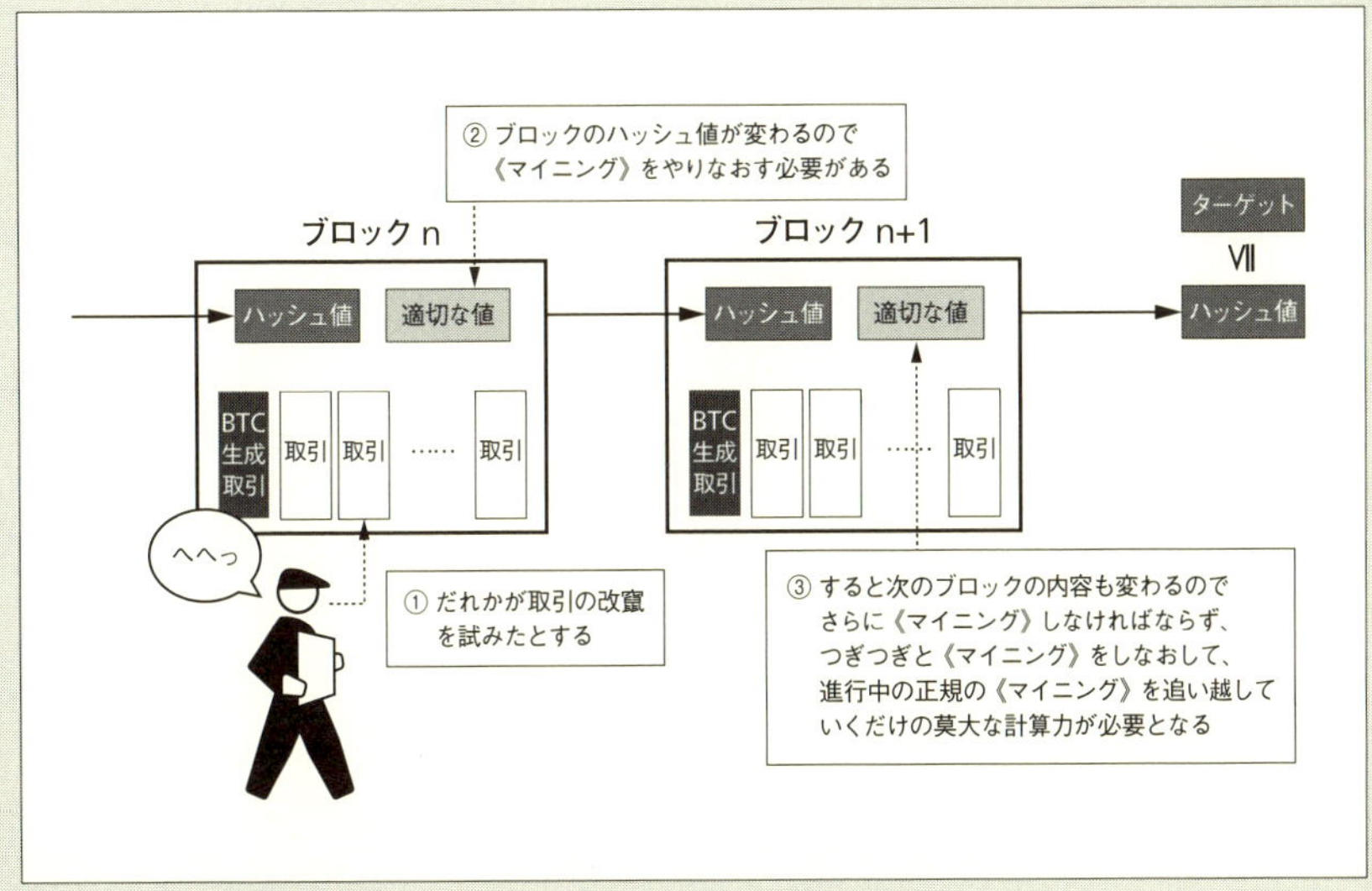

［図 22］《ブロックチェイン》の正しさはどう守られるか

このように、手続き上の（計算）コストにより悪用を防ぐ方法は、一般に「POW（Proof of Work; 作業証明）」と呼ばれます。ビットコインをはじめ、現在、運用されている多くのデジタル通貨のシステムがPOWを採用しています。

コインが誕生するしくみ

●《マイニング》の報酬としてのBTC

前節で述べた《マイニング》の手続きに、多くのコンピュータ（の善意の所有者）が参加しなければ、ビットコインがそもそも成り立たなくなります。

しかし、計算には電力が必要になりますし、自分のコンピュータの計算資源を割かれることにもなり、そのままでは、あえて参加する動機がありません。そこでビットコインでは、《ブロック》を《マイニング》したユーザが、報酬として新たなコインを獲得できるしくみを採用しています。

具体的には、《ブロック》に格納する先頭の取引を、「無」から自分の《アドレス》に宛てられた取引（BTCの生成取引）とすることが許されています。ただし、BTCは総量が決まっており（現行システムでは約2,100万BTC）、全部が「掘りだされた」あとは、BTCの取引によって生じる取引手数料のみが《ブロック》の《マイニング》の報酬となります。

●減っていく報酬

《ブロック》ひとつを《マイニング》した報酬として得られるコインは、2009年当初は50BTCでしたが、4年ごとに半分になると決められていて、この本を書いている2014年3月現在では25BTCとなっています。これは、金《きん》などの鉱物資源が、採掘が容易なところから先に掘りだされ、じょじょに採掘が困難になり、コストが上昇していくことに対応していると考えられます。

そのようにして、コインの希少性が演出されているのです。

●巨石貨幣との類似点と相違点

ここで、ヤップ島の石貨とビットコインを比べてみましょう。

★　より正確には、もっとも困難な確率によりつくられているチェインです。このことにより、《ターゲット》を勝手に大きくして不当に長いチェインをつくる攻撃を防止しています。

・ヤップ島の石貨は、大変な労力をかけてパラオなどから運ばれてくることにより、その苦労の物語によってコミュニティの仲間たちから価値を認められます。BTCも、電力を投入し、《マイニング》の莫大な計算をしたという物語が、その証拠が示されることにより《マイナー》のネットワークにより承認され、価値が認められているともいえます。
・ヤップ島の石貨もビットコインも、物語の核となるおこないは、実体経済の目から見てけっして生産的ではありません。
・ヤップ島の石貨は、重たいので、その場に置かれたまま、所有権の移動のみが石に刻まれていきます。BTCも、ビットコイン・ネットワークのなかに存在しつづけ、所有権の移動のみが《ブロックチェイン》に刻まれていきます。

重大な違いは、ヤップ島の石貨は仲間づくりのためにあるのであって、格差を生むためにあるのではないということです。反対に、ビットコインは、貨幣が希少性をもつように演出されていることにより、権力を呼びこむしくみを内包してしまっています。

システムに欠陥は?

●貨幣のかたちを360度変え、欠陥を引き継ぐ

「そもそも編」にも書きましたが、貨幣自体の構造的欠陥を、ビットコインもやはり備えています。それどころか、欠陥が拡大されているともいえます。

加えて、ビットコインには、いまのところ、社会的な保障の考え方が入っていません。それは、社会がこの新しい技術に対応していないというだけではなく、技術の側にも、社会的な保障の考え方を導入する下地がつくられていないということなのです。何億円分、BTCをもっていたとしても、《プライベートキー》をなくしたらアウトです。ただし、だからこそ、現実には少額でしか使えないという考え方もあります。

●ビットコインにたいして可能な攻撃

可能な攻撃は、数多くあります。

トランザクション展性を突いた“受け取ってない詐欺”

トランザクション展性（transaction malleability）は、マウントゴックスの経営破綻問題で、一躍有名になった脆弱性です。展性とは、もともと、金《きん》などの金属が打たれると破壊されずに伸びる性質です。

ビットコインの取引データはデジタル署名されているため、改竄があった場合は署名の検証により検出されます。しかし、取引データの全体に署名が掛かっているわけではなく、一部、変更しても検出されない箇所があります。たとえば署名のデータ自体は表現規則がゆるいところがあって、変えても取引自体の意味は変わらず、検証を通過してしまいます。このような性質をトランザクション展性と呼びます。

一方、取引の識別子（TXID）として取引データのハッシュ値をもちいますが、ビットコインのネットワーク上の中継点のどこかでトランザクション展性を突いた改竄がおこなわれ、《マイニング》によりそちらが承認されると、送金者がTXIDをキーに取引が承認されているか探そうとしても、《ブロックチェイン》のなかにその取引を見つけることができず、取引が承認されていることを確認できません。送金の受け手のほうは、手元の情報を《ブロックチェイン》と同期させて、たんに自分の《アドレス》宛ての入金を確認しますので、取引が成功していることがわかります。

受け手による、入金されていないという虚偽の訴えに応じて、あるいは、送金側が気を利かして別の取引で再送することで、受け手には2回（続けてトランザクション展性がもちいられたら数回）、同額の送金がされることになります。

影響はそれだけにとどまりません。送金側が、自分が最初に送った取引データがネットワークでの中継の途中で失われたと判断してしまうと、その取引にもちいたコインを未使用だと勘違いしてしまうことになります。のちのち、そのコインを入力に使った取引を実行しようとすると、二重消費と判断され、エラーとなってしまいます。これにより、しばらく送金側は混乱します。

この問題は、遅くとも2011年には指摘されていたことで、その時点で送金側の処理をおこなうソフトウェアを改修していれば、なんの問題もありませんでした。本来はささいな問題です。

ネットワーク各所に潜伏する“シビル攻撃”

この攻撃では、ビットコインのネットワークに、自分が制御できるコンピュータを大量に参加させます。他人のコンピュータをウイルスに感染させ、そこから参加させるようにすれば、インターネット上の異なる地点からP2Pネットワークに参加することになるため、より大きな影響をおよぼすことが可能になります。シビル攻撃は、さまざまな具体的な攻撃を仕掛けるための前段階としてもちいることができます。
「シビル」というのは、解離性人格障害により16の人格をもつにいたった患者の仮名であり、その患者についての記録を綴った小説の題名です。ひとつの主体が複数の主体としてふるまうことから、この名前がついたのだと思います。

「世界」を分断する“エクリプス攻撃”

取引データの中継を操作して、ビットコインのネットワークを分断する攻撃です。前段階としてシビル攻撃をもちいることもできます。

まず、P2Pネットワークのなかで中継の要となる複数の地点に自分が制御できるコンピュータを配置します。このことは、ネットワークのつくられ方によっては困難ですが、基本的には、ネットワークのなかに長く居座り、正常にふるまうことによって、じょじょにそのような地位を占めていきます。

有効な配置ができたら、たとえば取引データのTXIDが偶数か奇数かによって中継する方向を変え、ネットワーク内にブロードキャストされている取引データや《ブロック》が、一部、たがいに届かないようにネットワークを分断します。分断されたそれぞれのネットワークでは、独自に《ブロック》がつくられていき、結果として《ブロックチェイン》が分岐したまま（しばらくは）安定します。

エクリプスは、日食などの「食」の意味で、攻撃者の影になって、向こう側の世界が見えなくなることを示しています。これはP2Pではよく知られた攻撃

なのですが、ビットコイン・コミュニティでは「シビル攻撃による孤立化」と表現しているようです（かならずしもシビル攻撃を伴う必要はないので不正確です）。《ブロックチェイン》が分岐すると、分岐後は、それぞれの取引が起きたことになっている世界と起きていないことになっている世界が分かれることになります。取引が起きていないことになっている世界で、その取引に基づいた次の取引をおこなうと、承認されないことになります。それにより、ビットコイン全体の信頼性が損なわれることになります。

この攻撃にかぎらず、P2Pの研究で培われてきた攻撃に関する知見の多くは、ビットコインにも適用できるでしょう。

あと出しでほかの《プール》の作業を無効化する“利己的《マイニング》”

ほかの《マイニングプール》に参加しているコンピュータに無駄な計算をさせることで、自分の《プール》が相対的に有利になるという方法です。米国コーネル大学の研究者により指摘されました［資料20］。

利己的な《マイニング》をおこなう《プール》では、正しい《ブロック》が得られても、それをネットワークにブロードキャストすることを遅延させ、あわよくば次の正しい《ブロック》を得るために、黙ったまま《マイニング》を継続します。そして、ほかの《プール》からの《ブロック》のブロードキャストを察知した時点で、自分が得た連続する1個以上の《ブロック》をブロードキャストすることで、ほかの《プール》が《マイニング》した《ブロック》を無効化させることを試みます。自分の《ブロック》が有利に承認されるように、シビル攻撃により中継を操作することも考えられます。

このことが少しでも成功していくと、ほかの《プール》よりも有利に報酬を得られるようになり、《マイナー》がほかから移ってくるようになります。そのことにより計算パワーが増大すると、利己的な《マイニング》が成功する可能性がさらに高まり、さらに新たな《マイナー》を呼び込むことにつながり、最終的にネットワーク全体の計算パワーの過半数を掌握できるというものです。

過半数を占めればなんでもできる？ “51%攻撃”

《マイニング》に参加する計算パワーの過半数を掌握すると、《ブロックチェ

イン》をより長く伸張させていくことができるので、任意の取引を承認させることができるという攻撃です。《マイニングプール》に計算パワーが集中している現在、この攻撃が可能になることが現実味を帯びていることは、「使い方編」でも書きました（29ページ）。

この攻撃が実行に移せるだけの計算パワーを持っていたら、正規に《マイニング》でBTCを入手したほうが得であるという議論があり、サトシ・ナカモトによる元の設計文書でもそう書かれています。

しかし、その考え方は、世の中にデジタル通貨がビットコインしかないことを前提にしていると思います。

たとえば、ほかのデジタル通貨に先行投資しておいて、ビットコインをつぶして、そのユーザが自分の通貨を買い求めるようにしたほうが利益が得られると考えたらどうでしょうか。

近い将来、ビットコインが実際に社会のインフラとして使われだしたとして、そのなかでそのような私欲に基づいた攻撃がおこなわれたとしたら、壮絶なテロ行為になるともいえます。

●最大の欠陥?——世界から切り離されると使えない

ビットコインの取引は、たとえ対面でおこなったとしても、ネットワークにより承認されなければ完了しません。したがって、インターネットにつながっていることが大前提になります。

ですので、大きな災害が発生して、通信のインフラが破壊されたとき、ビットコインを使えない局面が発生しえます。災害の多いわが国において、災害時に使えない貨幣システムに依存しても、よいものでしょうか。

あるいは、政治的に国民がインターネットから切り離されたとき、ビットコインは使えなくなります。アフリカなどで、国民のほとんどが銀行口座を持っておらず、経済インフラが整っていない国々で、ビットコインを通貨としてもちいる可能性が取り沙汰されていますが、それらの国々でも、インターネットへの安定した接続性がなければ、ビットコインはまともには使えません。政治的に安定していない国では、過去にエジプトで起きたように、国ごとインターネットから切り離されるというようなことが起きかねません。

もちろん、インターネットとの接続は、さまざまな方法で可能であり、衛星や気球、巡回する航空機などによる中継で、ゲリラ的につなぐことも可能です。

しかし、基本的に政治的な安定が前提になるのだとしたら、そもそもなんのためにわざわざ新しい通貨をつくったのでしょうか。

ビットコインは、P2Pといいながら、強大な力で中央（《ブロックチェイン》）を維持しようというしくみになっています。その中央が崩れたり、枝分かれしたり、中央へのアクセスが妨げられたりすると、ビットコインはまともには使えなくなります。

それが、ビットコインのもっとも強烈な弱点かもしれません。

最後に、サトシ・ナカモトによる元の設計文書に書かれた宣言を、もう少し長く引用してみます。**「任意の二者が、信用される第三者を必要とせずに直に取引することを可能にする、信用ではなく、暗号学的証明に基づく電子的支払いシステムが必要なのだ」**。

はたして、そのとおりのものができたのでしょうか。ビットコインでは、巨大な計算パワーを所有する人間しか参加できない《マイナー》たちのネットワークがすべてを制御します。サトシ・ナカモトは結局、別種の「信用される第三者」をつくりだしただけなのではないでしょうか。

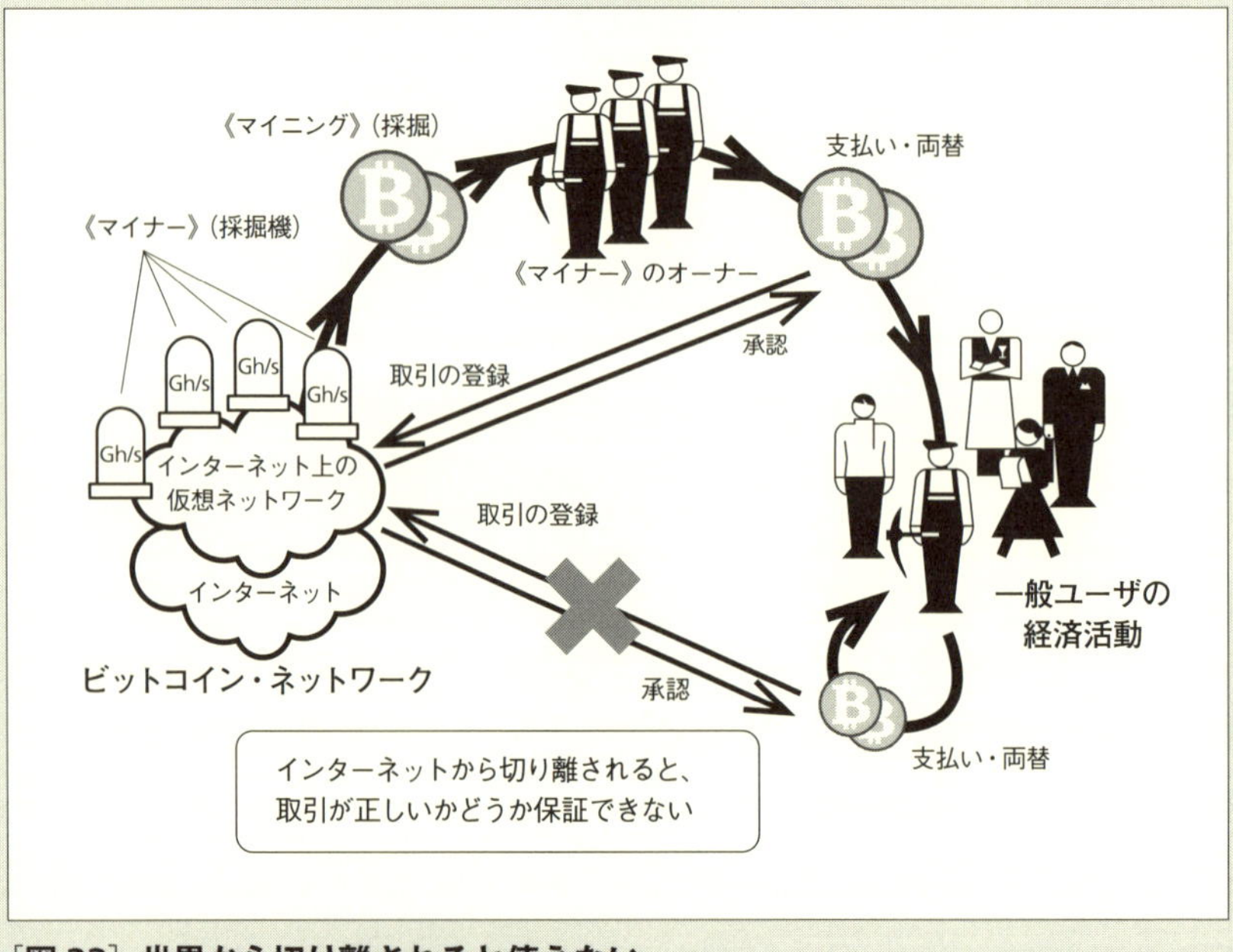

［図 23］世界から切り離されると使えない

参考資料

［資料1］ Bitcoin Project. Bitcoin - Open source P2P money.
http://bitcoin.org
アップデートが滞りがちですが、日本語での情報は↓こちらにあります。
Bitcoin Project.「P2Pベースの仮想通貨 - ビットコイン」
http://www.bitcoin.co.jp

［資料2］ Kenji Saito. *i-WAT: The Internet WAT System - An Architecture for Maintaining Trust and Facilitating Peer-to-Peer Barter Relationships* -. PhD thesis, Graduate School of Media and Governance, Keio University, February 2006.
斉藤賢爾.「i-WAT:インターネット・ワットシステム -信用を維持し、ピア間のバーター取引を容易にするアーキテクチャ -」慶應義塾大学大学院 政策・メディア研究科 博士論文（2006）

［資料3］ Satoshi Nakamoto. Bitcoin: A peer-to-peer electronic cash system.
http://bitcoin.org/bitcoin.pdf

［資料4］ Bitcoin community. Bitcoin.
https://en.bitcoin.it/wiki/Main Page

［資料5］ Wikipedia contributors. Legality of bitcoins by country.
http://en.wikipedia.org/wiki/Legality_of_Bitcoins_by_country
日本語訳は↓こちらです。
Wikipedia執筆者.「各国におけるビットコインの法的な扱い」
https://ja.wikipedia.org/wiki/各国におけるビットコインの法的な扱い

［資料6］ Fred Wilson. Mt Gox.
http://avc.com/2014/02/mt-gox

［資料7］ Nermin Hajdarbegovic. Bitcoin miners ditch ghash.io pool over fears of 51% attack, 2014.
http://www.coindesk.com/bitcoin-miners-ditch-ghash-io-pool-51-attack/

［資料8］ Blockchain.info. Bitcoin Block Explorer - Blockchain.info.
http://blockchain.info

［資料9］ flexcoin. flexcoin | the bitcoin bank.
http://www.flexcoin.com

［資料10］ 株式会社MTGOX.「民事再生手続開始の申立てに関するお知らせ」
https://www.mtgox.com/img/pdf/20140228-announcement_jp.pdf

［資料11］ Sam Ro. A bloomberg tv host gifted bitcoin on air and it immediately got stolen, 2013.
http://www.businessinsider.com/bloomberg-matt-miller-bitcoin-gift-stolen-2013-12
Wally Witkowski.「ビットコインのQRコードにご用心—TVで紹介したら盗まれる」WSJ.com（2013）
http://on.wsj.com/1dGRRpd

［資料12］ Sarah Meiklejohn, Marjori Pomarole, Grant Jordan, Kirill Levchenko, Damon McCoy, Geoffrey M. Voelker, and Stefan Savage. A fistful of bitcoins: Characterizing payments among men with no names. In *Proceedings of the 2013 Conference on Internet Measurement Conference*, IMC '13, pp. 127-140, New York, NY, USA, 2013. ACM.

［資料13］ Malte Möser. Anonymity of bitcoin transactions: An analysis of mixing services. In *Proceedings of Münster Bitcoin Conference*, 2013.

［資料14］ BBC. James Howells searches for hard drive with £4m-worth of bitcoins stored, 2013.
http://www.bbc.co.uk/news/uk-wales-south-east-wales-25134289
キルロイ.「7億6000万円分のビットコインを保存したハードディスクを捨ててしまった男性が話題に!!　宝はゴミ捨て場に埋没!!」コモンポスト（2013）
http://commonpost.info/?p=82103

［資料15］ Litecoin Project. Litecoin - Open source P2P digital currency.
https://litecoin.org

［資料16］ Jackson Palmer and Shibetoshi Nakamoto. Dogecoin.
http://dogecoin.com

［資料17］ Joon Ian Wong. Local london currency brixton pound thrives in bitcoin's shadow, 2014.
http://www.coindesk.com/local-london-currency-thrives-bitcoins-shadow/

[資料18] OXFAM. Working for the few - political capture and economic inequality, 2014.
http://oxfam.jp/media/bp-working-for-few-political-capture-economic-inequality-200114-embargo-en.pdf
オックスファム・ジャパン「【ダボス会議】経済格差についての最新報告書を発行」(2014)
http://oxfam.jp/2014/01/post_574.html

[資料19] Paul Glover. Creating community economics with local currency.
http://www.paulglover.org/hourintro.html

[資料20] Ittay Eyal and Emin Gün Sirer. Majority is not enough: Bitcoin mining is vulnerable, 2013.
http://arxiv.org/pdf/1311.0243v2.pdf

「しくみ編」は巻末(96ページ)からお読みください。

しくみ編